Gli Arabi In Italia

Davide Bertolotti

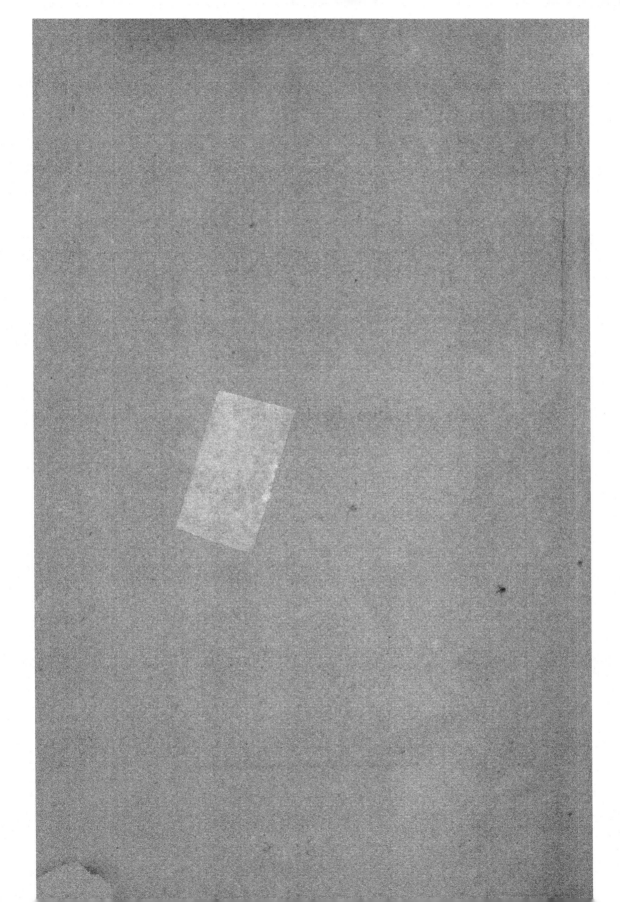

GLI ARABI

IN ITALIA

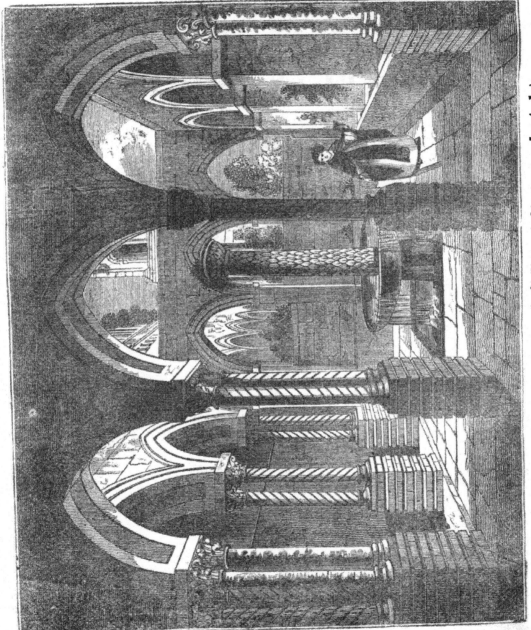

Duomo di Monreale, presso a Palermo in Sicilia. — Architettura arabo-sicula.

GLI

ARABI IN ITALIA

ESERCITAZIONE STORICA

DI

DAVIDE BERTOLOTTI

———•◆•———

TORINO

DALLA TIPOGRAFIA BAGLIONE E COMP.

1838.

ALLA SIGNORA

LUIGIA RIGNON NATA VICINO

DAVIDE BERTOLOTTI.

Due rimedj contra i grandi dolori ha dato agli uomini Iddio; il tempo che li disacerba, e l' occupazione che ne rimuove il pensiero. Lasciando al primo la cura di trasformare in dolce desiderio l' amara angoscia che vi strigne, per la morte di quell' egregia che qual madre senza pari amavate, io vi presento questo libro nella speranza che ravvolgendovi con esso per antichi tempi e per memorabili istorie, abbia a rallentarsi alquanto l' intensità del vostro animo nel lamentare la recente sventura. D'indole seria è questo lavoro, e non di quelli che si sogliono intitolare al sesso leggiadro. Ma questa considerazione non ha valore inverso di voi, che alle decenti grazie congiungete l' intellettuale coltura. Piacciavi adunque gradire il picciol dono, se non per se stesso, almeno per l' intendimento del donatore, il quale all' urna bagnata dal vostro pianto filiale, vorrebbe pure appendere la ghirlanda dell' amicizia.

Torino, 7 aprile 1838.

PREFAZIONE.

Io ti presento, o Lettore, in semplice delineamento la monografia d' uno de' più singolari episodj della Storia d' Italia, la signoria degli Arabi nelle nostre contrade; grave argomento la cui trattazione nelle varie sue parti non era sinora caduta in mente a veruno. Novità di concetto, ecco il merito che tu non mi vorrai contendere, io spero.

Fondamento di questo volumetto è una serie di articoli ch' io scriveva in servigio de' lettori del mio *Teatro Universale*, ove io li veniva successivamente mettendo alla luce. Divisai poscia di ristamparli uniti, affinchè si potessero leggere continuatamente. Nel qual atto, nuovi studj mi condussero ad innalzare quasi un nuovo edifizio.

Non però di meno sii cortese di rimembrarti, o Lettore, che non istoria ma sì esercitazione istorica io intitolo questo lavoro: esso è un modesto schizzo che chiede riguardatori amorevoli, non un quadro che ambiziosamente aspiri alla lode ed al premio.

CAPITOLO I

Introduzione. — Cenni generali sulle conquiste degli Arabi. — Idea del nostro lavoro.

In mezzo a tanto fervore per gli studj storici che si vien palesando in Italia, egli reca maraviglia lo scorgere che nessuno abbia scelto ad argomento della sua trattazione lo stabile soggiorno e il dominio che tennero gli Arabi in varie parti d'Italia dalla metà del settimo secolo sino alla fine dell'undecimo. La ricchezza, la novità, la pellegrinità di questo argomento superano d'assai ogni aspettazione primiera. La storia dell'Oriente e dell'Occidente si danno per esso mano in Italia; gli annali ecclesiastici rivelano memorandi portenti, e le lettere ed arti del Medio Evo s'illustrano d'origini tuttora ignorate. Ma nell'atto stesso che indichiamo questa feconda sorgente ai nostri giovani autori, ci corre l'obbligo di dichiarare che i ristretti limiti che ci siamo assegnati, non ci concedono che di attignervi parcamente, non senza speranza che a qualche nobile ingegno nasca vaghezza di farne scorrere un fiume.

Maometto mancò di vita nel 632. Al tempo in cui egli morì, la sua signoria temporale e religiosa comprendea tutta la penisola dell'Arabia, senza oltrepassarne i confini. Ma gli entusiasti discepoli del falso Profeta già risguardavano come campo aperto alle conquiste loro l' intero mondo allor noto. La Persia, la Siria, l' Egitto, caddero in pochi anni sotto il lor giogo; indi sottoposto tutto il littorale dell' Affrica sino alle Colonne d' Ercole, dall' opposta riva del Mediterraneo tragittarono nella Spagna (710) che in breve tempo recarono in loro potere. Ottantadue anni dopo la morte di Maometto, il suo nome era invocato a' piedi de' Pirenei (1).

Potevano gli Arabi allora venire in Italia per terra varcando que' monti e parte della Gallia e le Alpi, come già fecero i Cartaginesi dipartitisi essi pure dall' Affrica; ovvero potevano venirci per mare da tutto quell' immenso tratto di spiaggia che si stende dai porti dell' Asia minore sino allo Stretto, e da Gibilterra sino a Tarragona. Arrivarono di fatto gli Arabi nell' estrema parte occidentale dell' Italia per terra attraversando la Gallia meridionale e la Provenza, nella quale entrarono l' anno stesso (716) in cui tenevano assediata Costantinopoli, e due anni dopo aver conquistato il Turkestan e portato le lor armi sino alle frontiere dell' India. Ma essi non passarono le Alpi nè s' avanzarono gran fatto di qua dal Varo, ed al sacco dato ad alcune terre della Liguria marittima si ridusse tutto il danno recato all' Italia da quelle spedizioni terrestri. Bensì è fama che Abd al Malek, condottiere di uno de' loro eserciti nella Gallia Narbonese, essendo sulle rive del Rodano, additasse a' suoi soldati i gioghi dell' Alpi biancheggianti di neve in lontano, e che non meno ambizioso dell' affricano Annibale, intendesse egli

---

(1) *Hallam, Stor. del Medio Evo.*

pure di superarle e di sottoporre l'Italia alle leggi del Corano (1). Ma le memorande vittorie di Carlo Martello liberarono per allora la Francia e con essa l'Italia dal pericolo di esser ridotte a provincie musulmane (2).

Ma più che non le vittorie de' Franchi, le discordie degli Arabi fermarono il corso de' loro trionfi. I califfi Ommiadi aveano più di tutti allargato l'impero fondato da Maometto; esso stendevasi dal mar Caspio sino all'Oceano Atlantico, dalle sorgenti dell'Indo sino alle fonti dell'Ebro in Ispagna. Questo vasto impero cadde in preda alle dissensioni ed alle guerre civili. Sorse sulle rovine dell'Ommiade la monarchia Abasside (750) che trasportò la sede da Damasco a Bagdad; e quindi Abd-al-rahaman, unico Ommiade sfuggito alla strage della sua schiatta, riparatosi in Affrica poi in Ispagna, quivi fondò un possente regno, indipendente dall'impero dei Califfi orientali (756). Il bianco stendardo degli Ommiadi fu inalberato contro il nero stendardo degli Abassidi, e la Cristianità, non per anco fortificata coll'unione da Carlo Magno, riconobbe in quest'opera della Provvidenza il suo salvamento.

---

(1) *Rampoldi, Annali musulmani.*
(2) Ai Saracini che condotti dal terribile Abderamo, invasero la Linguadoca, la Guascogna, la Borgogna e la Provenza verso il 731, e che per le arsioni e devastazioni loro vennero paragonati ad un fiume di lava infocata, si attribuisce la distruzione di Cimella, antica città di qua dal Varo, presso a Nizza. *Gioffredo, Nicæa civitas.*—La gran vittoria che fece biancheggiare d'ossa maomettane i campi di Tours, fu riportata da Carlo Martello, l'anno 732. Tornarono gli Arabi in Francia nel 736 e nel 738; ma ne furono ributtati.

Ma se il timore di veder gli Arabi tornare in Oriente
pel Settentrione, come venuti erano nell' Occidente pel
Mezzogiorno, e l' imminente pericolo dell' Europa di ca-
dere sotto il loro servaggio, furono dissipati da quelle
discordie, non così avvenne per le contrade poste al mare
ove essi potevano condursi sui loro navigli, e specialmente per l' Italia e le sue isole, che per tutta la lunghezza de' mari Tirreno e Ligustico siedono di contro
all' Affrica ed alla Spagna dominata da' Mori. E se fino
alla recente conquista di Algeri i pirati dell' Affrica hanno insultato le italiche spiagge, se a' nostri giorni ancora le torri che coronano le coste della Sardegna non
erano bastevol riparo contro gli sbarchi de' Barbareschi (1), che non doveva essere a' tempi in cui floridis-
simo era l' impero degli Arabi nella Spagna e nell' Affrica, e la sete delle conquiste agitava i lor petti, ed
il terrore delle lor armi conturbava i popoli dell' Occidente, e l' Italia era debole, inerme, divisa?

Non è nostro divisamento descrivere le rapine, le scorrerie, gl' incendj, le morti, recate da' Musulmani nei
temporanei loro sbarchi sulle rive dell' Italia continentale e delle sue isole; chè ciò ci trarrebbe a compen-
diare un' iliade di mali, durati per quasi dodici secoli.
Ma intendiamo soltanto di porgere un succinto ragguaglio
delle conquiste, dello stabile soggiorno e del lungo
dominio degli Arabi in varie parti delle nostre contrade,
il che non conduce il nostro compendio oltre l'undecimo
secolo.

_____

(1) *Editto del* 1.° *settembre* 1807.

CAPITOLO II.

Condizione dell' Italia al tempo delle conquiste degli Arabi.

L'anno 476 dell' Era volgare, Odoacre, re degli Eruli, spense l'imperio d'Occidente, e fondò il regno d'Italia, se non di nome, il che è incerto, almeno certamente di fatto (1).

L'anno 495 Teodorico, re de' Goti, ruppe ed uccise Odoacre, ed intitolossi re d'Italia. Teodorico fu principe di gran senno e di gran cuore, potente e temuto da' vicini, il quale ristorò l'Italia dalle passate battiture. « Questo re che solamente da barbari ingegni potè meritarsi il nome di barbaro, ... rialzò a tanta grandezza e splendore il suo regno, ch'egli agguagliò, se forse non superò, la gloria de' primi Cesari e de' più lodati » (2). E se gli fossero toccati successori degni di lui, e che avessero saputo mettersi in concordia colla Sede romana; o veramente, come sostiene il Sartorius, « se gl'Italiani avessero voluto amalgamarsi co' Goti e da questo amalgama fosse nato un nuovo popolo », il bel paese d'Italia, raffermato nella propria indipendenza senza offendere quella delle altre nazioni, sarebbe divenuto, sotto la

---

(1) *Bossi, Storia d'Italia.*
(2) *Denina, Rivoluzioni d'Italia.*

monarchia de' Goti, più avventurato che non sotto l'imperio di Roma (1). I vizj di Atalarico, ma assai più la perfidia e la codardía di Teodato, incamminarono quella monarchia verso la rovina, da cui non valsero a salvarla le guerriere virtù di Vitige e di Totila.

Il regno d'Italia ne' Goti venne abbattuto dalle vittorie prima di Belisario, poi di Narsete, amendue condottieri dell'armi di Giustiniano, imperatore di Costantinopoli. Teja, ultimo di quei re, perì in battaglia l'anno 553. « Il regno de' Goti nell'Italia, rovinò in mezzo alle più orrende sciagure degl'Italiani. Tutta grondante di sangue per una guerra di diciotto anni che l'avea disastrata e renduta come un deserto dalla carestia e dalla pestilenza, l'Italia presentava un miserando spettacolo » (2). Essa fu ridotta allo stato di provincia del greco impero, e data, dopo Narsete, in balía alla feccia della Corte di Costantinopóli: l'avarizia de' suoi nuovi signori adoperossi a dilatarne non a rammarginarne le piaghe. « Gli Italiani, liberati da ciò ch'essi riguardavano come un vergognoso giogo, ricaddero sotto un giogo cento volte peggiore » (3).

L'anno stesso in cui morì Giustino II, successore di Giustiniano, nacque nella remota ed allora quasi incognita Arabia un uomo che dovea mutar faccia a gran parte del globo. Questi fu Maometto, figliuolo d'Abd Al' lah, e il più fortunato degl'impostori, il quale spacciandosi per profeta, fondò la nuova religione che porta il suo nome, e diede principio a quel vastissimo imperio

---

(1) *Sartorius, Del governo de' Goti in Italia.*
(2) *Muratori, Annali.*
(3) *Sismondi, Chûte de l'Emp. Romain.*

che nell' Asia, nell' Affrica e nell' Europa maravigliosamente poscia si stese (1).

Egli nacque nel 578, e sei anni prima (572), Alboino,
re de' Longobardi, aveva espugnata Pavia e fattane la
sede del nuovo suo regno. La monarchia de' Longobardi
in Italia durò due secoli. Oltre il regno che comprendeva tutta l' occidentale Italia, essi fondarono i ducati
del Friuli, di Spoleti e di Benevento. Il qual ultimo ab-
bracciava la massima parte del presente regno di Napoli.
Eravi poi l' esarcato di Ravenna che obbediva all' impero
greco, dal quale pure dipendevano Napoli, ed altre città
marittime dell' Italia, non meno che le sue isole (2). La
dominazione pontificia in Roma ebbe principio al tempo
de' Longobardi (3). L' incremento di Venezia appartiene
pure a quell' età (4).

Discordano i dotti intorno al giudizio da recarsi dei
Longobardi. Tuttavia sembra non andar lungi dal vero
chi afferma esser eglino stati da principio peste ed esizio
dell' Italia, e quindi, fattisi interamente Italiani colla stabile dimora di due secoli in Italia, adottiva lor patria,
aver assunto più miti costumi, come vien dimostrato dalle
lor leggi (5). E ad ogni modo doversi considerare per

---

(1) *Caruso, Mem. stor. della Sicilia.*
(2) I Longobardi nel 752 posero fine all' esarcato di Ravenna.
(3) L' anno 750, sedicesimo del ponteficato di Gregorio II, secondo il Melchiorri.
(4) *Sismondi, Hist. des Rép. Ital.*
(5) « Sono quelle leggi il più bel tema delle lodi date
ai Longobardi, principalmente da' giurisprudenti; i quali
osservarono in esse una civiltà ed una perizia legale, superiore a quanto si scorge ne' codici degli altri barbari. »
Ces. Balbo, Stor. d' Italia.

grandissima calamità dell' Italia la caduta del regno dei Longobardi, poichè da questa prende principio la soggezione dell' Italia a signori stranieri, tenenti la sede loro in paese straniero.

Al tempo de' Longobardi cominciarono le irruzioni dei Saracini in Italia: ma queste avvennero nelle isole di Sicilia, di Sardegna e di Corsica, che dipendevano allora dagli Augusti di Bisanzio (1).

L' anno 774 Carlomagno, re de' Franchi, espugnata Pavia, diede fine alla dominazione de' Longobardi, « i quali più non conservavano in Italia altro di straniero che il nome ». Egli nell' 800 venne creato imperatore d' Occidente in Roma. Carlomagno conservò il nome di regno all' Italia, eleggendone re Pipino, suo figlio (781), poi Bernardo figlio di Pipino (812). Ma nel fatto il re d' Italia non n' era che un governatore per l' imperatore franco. L' imperio era stato trasportato negli stranieri, dimoranti fuor dell' Italia: ed il regno dipendea dall' imperio (2).

Con Carlo il Grosso, deposto dal trono nell' 888, finì

---

(1) La sola fazione che si conosca de' re longobardi contro a' Saracini è la seguente: — All' anno 739 Liutprando, re de' Longobardi, dimandato d' ajuto da Carlo Martello contro a' Saracini che infestavano la Provenza, adunò il suo esercito e cavalcò a quella volta. I Saracini, avutone sentore, si ritirarono verso la Linguadoca. —

(2) Gli Eruli, i Goti e i Longobardi aveano fermato le stanze loro in Italia, e adottato l' Italia per lor patria, abbandonando quella dov' erano nati. I lor figli ed i figli de' figli loro erano natii Italiani, nè conservavano di Goti o di Longobardi altro che il nome e l' autorità. Per converso, la patria de' re franchi e degli alemanni, che poi governaron l' Italia, fu sempre la Francia o l' Allemagna. Quelli divennero Italiani, questi rimasero sempre stranieri.

la dominazione de' Carolingi, splendida nel suo fondatore, misera ne' suoi successori. Durante il loro imperare, i Saracini posero stabile soggiorno in Sicilia, in Sardegna, in Corsica, nelle Calabrie, nella Puglia e nella Terra di Lavoro, e corsero sino alle porte di Roma, percuotendo altresì le marine toscane e le ligustiche. Alcuni di que' principi si adoperarono a combattere quest' Infedeli, sebbene con alterno e poco felice successo. È tuttavia da notare che le isole italiche si consideravano sempre come dipendenti dall' impero orientale, e così alcune parti del presente regno di Napoli, mentre il rimanente di questo regno spettava al ducato longobardo di Benevento, conservato bensì, ma ligio all' impero occidentale, indi spartitosi in tre.

Dopo l' estinzione de' Carolingi, gl' Italiani fecero il gran tentativo di richiamare in Italia il regno e l' impero. Essi elessero a re nell' 888 Berengario I, duca del Friuli, il quale fu incoronato imperatore nel 915. Ma il generoso disegno non valse che a suscitare discordie indicibili: perchè i primati italiani, avvezzatisi poco meno che alla indipendenza sotto gl' imperatori e re franchi, avevano, dice uno storico, sempre un re in pronto per opporlo ad un altro (1). Quindi elezioni contro elezioni, autorità con-

---

(1) Ciò si chiarisce meglio dalla seguente tavola dei *Re d' Italia, dopo i Carolingi e prima degli Ottoni.*
888. Berengario I.
915. Incoronato imperatore.
890. Guido re.
891. Eletto anche imperatore.
892. Lamberto re ed imperatore.
896. Arnolfo imperatore.
900. Lodovico III re d' Italia.
901. Eletto imperatore.

tro autorità, e chiamate di stranieri in Italia, e ribellioni e tradimenti e guerre e stragi e scelleraggini d'ogni maniera. Così il periodo del regno d'Italia, contrastato tra gl'Italiani e gli stranieri, trascorse per settanta quattr'anni, tumultuoso, ferreo, funesto oltre ogni dire (1). E quello fu il periodo in cui l'Italia, disertata per soprammercato dagli Ungheri, ebbe maggiormente a soffrire da' Saracini che tutte le isole ne occupavano, tutte le marine ne infestavano, e vi tenevano stanza ad oriente e ad occidente in terraferma.

Ottone I, re di Germania, soprannominato il Grande, fu eletto re d'Italia nel 961, imperatore nel 962. Due altri Ottoni, parimente tedeschi, che regnarono dopo di lui, ci conducono all'anno 1002. Indi tornossi ad eleggere un re d'Italia italiano, e fu Arduino, marchese d'Ivrea. Ma i discordi Italiani quasi immantinente si voltarono in gran numero ad Enrico II re di Germania, e v'ebbero due re d'Italia, l'uno italiano e l'altro straniero, col solito aggravio di mali; gli uni tenendo per quello, gli altri per questo. Arduino morì nel 1015, En-

---

921. Rodolfo re d'Italia.
926. Ugo re d'Italia.
931. Lottario II fra i re d'Italia.
950. Berengario II ed Adalberto re d'Italia.
Guido, di schiatta francese, era duca di Spoleti. Lamberto era figlio di Guido. Arnolfo era figlio illegittimo di Carlomanno. Lodovico III era re di Provenza; Rodolfo, re di Borgogna; Ugo, conte di Provenza; Lottario II, figliuolo d'Ugo. Berengario II, marchese d'Ivrea, ed Adalberto suo figlio, erano italiani, non meno che Berengario I.

(1) Alcuni prolungano quel periodo sino al 1024, per comprendervi il regno d'Arduino. Ma egli ci sembra che il periodo degli Ottoni debba starne diviso.

rico nel 1024. Poscia regnò la casa di Franconia dal
1024 al 1125.

» Era intendimento di Ottone III abbandonare le aspre
contrade del Settentrione per collocare il suo trono in
Italia, e far rivivere le instituzioni della monarchia romana; ma i successori di lui non comparvero che una
sola volta nella lor vita sulle sponde del Tevere per ricevere la corona nel Vaticano. La loro assenza gli esponeva al disprezzo, e la loro presenza riusciva odiosa e
formidabile. Discendeano dalle Alpi coi loro barbari, stranieri all' Italia, ove giungevano colle armi in mano, e le
passeggiere loro comparse non esibivano che scene di
tumulto e di sangue. I Romani, sempre travagliati da una
debole memoria de' loro antenati, vedevano con pio sdegno quella serie di Sassoni, di Franconii, di principi di
Svevia e di Boemia usurpare la porpora e le prerogative
de' Cesari » (1).

. Ma eccoci già trapassati oltre i primi tempi delle repubbliche italiane, dei Normanni nelle Due Sicilie, e delle
Crociate. Pisa, Genova e i Normanni schiantano i Saracini dall' Italia (1021-1090), e portano il terrore delle lor
armi sino nell' Affrica. Le Crociate (1095-1291) traggono i Musulmani a combattere, per proprio loro scampo,
nell' Asia.

Nel duodecimo secolo i Comuni Lombardi conquistano
l' indipendenza e costringono il feroce Federigo Barba-
rossa a fermare la pace di Costanza. Succedono tre secoli di valore, di grandezza, di popolazione, di traffichi,

_____

(1) *Gibbon, Decline and Fall.* — « I re di Germania
pretesero d' essere imperatori romani, e per convalidare
questo vano titolo, disastrarono la penisola. » *Sartorius,
op. s. c.*

d' industria e di ricchezza in Italia, dove le fazioni che
ne agitano i popoli, sembrano infonder loro più virile
fortezza. E quantunque dalla pace di Costanza (1183)
sino alla morte (1492) di Lorenzo de' Medici, « il più
gran moderatore, e il solo confederatore che abbia saputo esser mai di tutta Italia » (1), non manchino le grandi sventure, tuttavia questo lungo periodo può giustamen-
te chiamarsi il periodo della moderna gloria italiana. Nel
suo durare seguì la caduta di Costantinopoli in mano dei
Turchi (1453): gravissimo avvenimento che più tardi ri-
menò le armi maomettane sulle coste d' Italia, quando
l' Italia, ormai priva di armi sue proprie, e schiava in
gran parte della Spagna, non avea per difesa che l'eroico
valore di Venezia e dei cavalieri di Malta, e la voce dei
sovrani Pontefici che in tutte le età mai non vennero
meno all' Italia nella generosa opera di proteggerla contro le depredazioni degl' Islamiti.

(1) *Cesare Balbo, Storia d' Italia.*

CAPITOLO III.

Regni maomettani nell' Affrica e nella Spagna.

Prima di passare a narrazioni particolari ci conviene accennare alcuni fatti ed alcune date ragguardanti alla storia musulmana nella Spagna e nell' Affrica, ma che han relazione colle imprese de' Saracini in Italia.

Sino all' anno 755 la Spagna e l' Affrica vennero governate da emiri (principi o capi), dipendenti dai califfi d' Oriente.

In quell'anno o nel seguente Abd-al-rahaman o Abderahman o Abderamo I, principe della dinastia degli Ommiadi, fondò il califfato d' Occidente, ossia il regno di Cordova, o di Spagna che vogliasi dire. — La dinastía d'Abderamo o degli Ommiadi in Ispagna si spense l'anno 1031, e con essa cessò il califfato d' Occidente, ossia l' unico regno di Spagna o di Cordova, come era detto. I governatori delle provincie si fecero re, e ne nacque una moltitudine di piccoli Stati. Nel 1094, i Musulmani d' Affrica, conquistata la Spagna, vi diedero principio alla dinastia degli Almoravidi, alla quale succedette nel 1147 quella degli Almohadi. La dominazione degli Affricani sulla Spagna finì nel 1232. — Ricominciò poscia la divisione della Spagna maomettana in piccoli regni, de' quali il

2

più potente fu quel di Granata. Questa divisione e le continue discordie e guerre tra i Musulmani fecero sempre più prevalere le armi de' re cristiani di Leon e Castiglia, i quali finalmente, regnando Ferdinando ed Isabella, presero Granata nel 1492, e posero fine alla dominazione degli Arabi e de' Mori in Ispagna. Questo impero musulmano in Europa, cominciato nel 712, era stato florido e potentissimo ne' suoi primi tre secoli (1).

Per l'instituzione del califfato d'Occidente fatta da Abderamo I nel 756, non cessò tosto il dominio de' califfi d'Oriente sull'Affrica, che anzi i loro emiri di Cairvan (Kairvan, Kairouan), l'antica Cirene, metropoli degli Arabi in Affrica, continuarono a guerreggiare in Ispagna per ristorarvi l'autorità degli Abassidi. Ma l'esempio della Spagna trovò imitatori anche in Affrica. Da prima, essendo Califfo d'Oriente Haroun Alraschid (dal 786 all'809) si formarono in Affrica due principati: uno degli Aglabiti, i quali regnarono sulla Barberia orientale ossia sui paesi che ora chiamiamo gli Stati barbareschi; e un altro degli Edrissiti a Fez e nelle regioni occidentali della Barberia. Circa un secolo appresso, sì questi che quelli cedettero il luogo ai Fatimiti, che fondarono il califfato affricano od egizio. Obeid Al'lah fu il primo califfo di questa potentissima stirpe, la quale nel 969 stabilì nell'Egitto un impero il quale si estese alla Siria ed all'Arabia (2). V'erano adunque allora tre califfati; degli Abassidi in Oriente, de' Fatimiti in Affrica,

_____

(1) *De Marlès, Stor. degli Arabi e dei Mori in Ispagna.*
(2) Chiamasi la dinastia de' Fatimiti, perchè Obeid Al'lah, suo fondatore, si diceva disceso in linea retta da Alì, e da Fatima, figliuola di Maometto.

degli Ommiadi in Ispagna, i quali tutti, come scrive il
Gibbon, si contendeano il trono di Maometto, ed a vi-
cenda si scomunicavano tra loro. Il primo avea la sede
in Bagdad, il secondo a Cairvan indi al Cairo, il terzo
a Cordova, città che al tempo degli Ommiadi non ebbe
forse rivale in Europa. —

La dinastìa de' Fatimiti cominciò verso l' anno 908, e
durò sin verso l' anno 1171. — I primi monarchi di questa dinastìa furono sì potenti che l' Affrica non sofferse
molte commozioni sotto di loro. Nondimeno vi si fondarono varie dinastìe che poi si rafforzaron di molto, ed
ora furon ligie ai Fatimiti, ora in guerra con essi.

Le principali furono quelle de' Zeiridi nella Barberìa
orientale, quella de' Marabutti od Almoravidi nella Mauritania, quella degli Almohadi che distrussero gli Almoravidi. Gli Almohadi furono i fondatori del secondo impero di Fez e Marocco; gli Almoravidi aveano fondato
il primo. Ambedue queste dinastìe regnarono pure in
Ispagna. La dinastìa de' Zeiridi durò circa due secoli,
essendo cominciata verso il 935; quella degli Almoravidi
cominciò verso il 1050, e si spense verso il 1146; la terza
degli Almoadi cominciò nel 1123, durò 150 anni, ed ebbe
tredici monarchi col titolo di sceriffi (1). —

I Saracini che si stanziarono ed ebbero dominio in
Italia, ci vennero in principio dall' Egitto, mentre il califfato era indiviso; poi, nella divisione de' califfati, ci
vennero talora dalla Spagna ma raramente, e dalla Bar-

(1) *Marigny, Stor. degli Arabi.—De Guignes, Storia
degli Unni. — Cardonne, Stor. dell' Affrica e della Spagna sotto il dominio de' Mori. — D'Herbelot, Biblioteca
Orient. — Storia degli Affricani, in continuaz. alla Stor.
Univ. del Rollin. —*

beria spesso e solitamente. La maggiore loro potenza
nelle nostre contrade fu al tempo degli Aglabiti, poi dei
Fatimiti da' quali dipendevano i Zeiridi, cioè nel nono e
nel decimo secolo (1).

Ma l'abito preso dagli emiri in Ispagna ed in Affrica
di farsi più o meno indipendenti dai loro monarchi, durò
anche in Italia, e quei di Sicilia vennero persino a guerra
coi loro signori affricani.

Queste particolarità, sebbene esposte sommariamente,
possono parere incresciose, ma non pertanto fa d' uopo
che il lettore le abbia presenti al pensiero s' egli vuole
collegare la storia generale de' Saracini coll' istoria degli
Arabi e de' Mori in Italia.

I nomi di Arabi, di Mori e di Saracini o Saraceni
vengono applicati promiscuamente ai Musulmani, ante-
riormente alla conquista de' Turchi. Li chiamavano Arabi, perchè arabo era l' impero, arabo il fondatore della
lor setta, arabi, almeno in origine, erano i principali loro
sovrani e condottieri, araba finalmente la loro favella.
Erano appellati Saracini perchè questo era il nome dato
anticamente dai Cristiani ai Maomettani (2).

_____

(1) Verso l'anno 800 Aaroun Alraschid, califfo di Bagdad, mandò Ibrahim, figlio d'Aglab, nella parte occidentale d'Affrica per comandarvi sopra un notabilissimo
tratto di paese. Ibrahim vi si fece indipendente, aggiunse agli Stati che gli eran commessi, altri Stati da
lui sottoposti coll' armi, e li trasmise a' suoi discendenti
che vi regnarono 112 anni. Questi principi Aglabiti furono quelli che prima devastarono, poi soggiogarono la
Sicilia.   *Storia Universale, degl'Inglesi.*
(2) Del qual nome Girolamo Serra riporta questa eti-
mologia. « Saraca, egli dice, era una città dell'Arabia
petrosa, così denominata da Sara, moglie del patriarca

Si addimandavano finalmente Mori, perchè padroni delle due Mauritanie, ove i natii, avendo abbracciato l'islamismo, s'erano accomunati cogli Arabi.

Nelle antiche cronache italiane i Saraceni si trovano pure talvolta nominati Agareni od Ismaeliti, per la fama che gli Arabi discendessero da Agar serva d'Abramo e da Ismaele lor figlio (1).

Abramo, che abitò quelle contrade. Il popolo di Saraca non era numeroso nè potente, ma così inclinato a stare in sull'armi, che nelle guerre di Giustiniano contro i Persiani, egli vendè ajuti a chi più lo pagava. I Greci cominciarono allora a chiamar Saracini tutti gli Arabi indistintamente.» *Stor. della Liguria.* — Se ne recano altre etimologie, ma tutte del pari incertissime.

(1) Havvi tuttavia questa differenza che i Musulmani d'Asia e d'Egitto vengono chiamati Arabi o Saracini, ma non mai Mori, mentre i Musulmani della provincia d'Affrica e quei di Spagna ricevono indifferentemente i tre nomi; almeno, per questi ultimi, dopo l'estinzione degli Ommiadi, perchè prima di essa non ricevono o non dovrebbero ricevere il nome di Mori.

Aggiungiamo il seguente brano del Muratori: «E qui per gli poco pratici del mondo passato voglio ben ricordare che se mai, perchè odono sovente nominare sotto nome di Maomettani, i soli Turchi, si facessero a credere che gli Arabi o sia Saraceni, tante volte sinora mentovati, fossero gli stessi Turchi, s'ingannerebbero di molto. Sono i Turchi una nazione di Tartaria, ben diversa da quella degli Arabi Saraceni. Adottarono anche essi col tempo la setta di Maometto, stesero per vastissimo tratto di paese le loro conquiste, e finalmente distrussero la monarchia de' Saraceni nel secolo decimosesto coll'impadronirsi dell'Egitto». *Annali, all'an.* 698.

CAPITOLO IV.

Gli Arabi in Sicilia.

La prima calata degli Arabi in Sicilia è pure la prima menzione che faccian le storie della comparsa di questi Barbari orientali sulle spiagge italiane. Non è ben noto in che anno seguisse, ma sappiamo che nel 652 ad Olimpio, esarco d'Italia, fu commesso dall'imperatore di Costantinopoli, cui la Sicilia allora obbediva, di passare con un'armata in quest'isola per isnidarne i Saracini, ospiti malaugurati, i quali già prima vi avean messo piede. Sappiamo parimente che Olimpio, ito a combatterli, rimase sconfitto da loro, e per l'affanno e per malattia sopraggiuntagli ne perdette la vita (1). — Quest'anno 652, trentesimo dopo la morte di Maometto, fu pur

---

(1) *Muratori, all'anno* 652. — Ed all'anno 654 egli annovera tra le calunniose accuse mosse dai Greci a san Martino papa, quella di aver dato mano alla passata dei Saracini in Sicilia. Il santo Papa, condotto prigioniero a Costantinopoli, protestò, in quanto a quest'accusa, di non aver mai scritte lettere a que' nemici del Cristianesimo, nè lor mandato denaro; solamente avea data qualche limosina ai servi di Dio, che venivano da quelle parti, ma non mai ai Saraceni. » —

» L'accuratezza del Muratori, dice l'inglese Hallam, merita una fede quasi assoluta, e la sua franca ingenuità

quello in che gli Arabi diroccarono Cartagine, ed abbatterono il colosso del Sole nell' isola di Rodi, e precede immediatamente l' anno in cui essi, saccheggiate molte isole del mar Egeo, s' avvicinarono colle lor navi allo stretto dell' Ellesponto, e minacciarono Costantinopoli (1). Regnava a quel tempo Otmano, terzo loro califfo; Costante sedeva sul trono di Bisanzio, e Rodoaldo era re de' Longobardi in Italia. Gli Arabi adunque s' erano già annidati in un' isola italica, sessant' anni prima di passar a conquistare la Spagna, ed egli fu la Sicilia il primo paese dell' Europa che sentisse il taglio delle lor armi. Già conquistato essi avevano la Siria, la Persia, l' Egitto; l' intera Mauritania e l' isola di Cipro erano venute in loro potere.

La guerra civile, nata nel 656 e durata più anni tra i Musulmani per la successione del califfato, conteso tra Alì e Muavia, diede, a quanto pare, abilità ai Greci ed ai Romani di cacciare i Saracini dalla Sicilia. O, più probabilmente ancora, Muavia, che dominava in Egitto, ritirò dalla Sicilia le schiere saracine per ingrossarne il suo esercito guerreggiante contro di Alì. Ad ogni modo, leggesi che nel 658 l' imperatore Costante, assicuratosi, mercè della pace fatta con Alì, delle provincie orientali, risolvette di passare in Sicilia, e di fermare anzi in Siracusa la sede dell' imperio, e ci venne di fatto nel 663 (2).

---

si palesa in ogni scrittura.» Laonde, benchè noi abbiamo al più spesso consultati gli autori ch' ei cita, posti nella sua grande raccolta (Scriptores Rerum Italicarum), nondimeno stiamo contenti al citare lui solo, ne' fatti ch' egli rapporta, persuasi esser egli autorità sufficiente, che ci dispensa dal far pompa di un' erudizione intempestiva.

(1) Rampoldi, Cronologia.
(2) Caruso, Memorie storiche della Sicilia.

E certamente la ridetta guerra civile « rintuzzò alquanto la superbia de' Saracini, e frenò il corso impe-
tuoso delle loro conquiste che minacciava l'istessa Italia
(continentale), e le provincie che restavano in Oriente
del romano imperio » (1).

Gli Arabi ritornarono in Sicilia l'anno 669, chiamativi,
a quanto pare, in ajuto dal tiranno Mecezio ch' e' non
furono a tempo di salvare dalle armi dell' imperator greco
e dall' eccidio che gliene venne. « Essi all' improvviso con
molte navi arrivarono in Sicilia, entrarono in Siracusa,
e misero a fil di spada quell' infelice popolo, con esser-
sene salvati pochi col favor della fuga. Pare eziandio che
scorressero pel resto dell'isola, commettendo gli atti
della medesima crudeltà dappertutto. Ma questo non è
certo; nè sicuro documento è una lettera in cui vien detto
che Messina e novantanove altre città e ville della Sicilia
erano state saccheggiate e date alle fiamme dai Saraceni.
Asportarono in quell' occasione i Barbari tutti i bronzi
che l' imperador Costante avea rubato ai Romani, e se
ne tornarono ad Alessandria di Egitto » (2).

<hr>

(1) *Muratori, all' anno* 656. — Nel 661 il califfo Alì
venne ucciso; gli succedette il suo figliuolo Hassan, il
quale dopo sei mesi rinunciò il califfato a Muavia: questo fu il principio della dinastia Ommiade che dilatò poi
tanto la monarchia de' Maomettani. *Rampoldi, ivi, ed Annali Musulmani.*

(2) L' imperatore Costante, venuto a Roma nel 663,
nel partirne portò via seco tutti i bronzi che le servi-
vano d'ornamento, e tolse infino le tegole di bronzo, onde era coperta la chiesa di santa Maria ai Martiri, cioè
la Rotonda. Quanta fosse l' avarizia de' Greci e l' oppres-
sione che facevano degl' Italiani, s' argomenta, per tacere
di mille altri fatti, dal vedere che nel 665 molti Sici-

Dal 669 in poi varie altre scorrerie fecero i Saracini in Sicilia; ma la stabile loro conquista dell' isola appartiene al secolo nono, ed al tempo in cui essendo già stabilito in Ispagna il califfato occidentale indipendente dall' orientale, Abderamo II regnava in Cordova, e i principati degli Edrissiti e degli Aglabiti, poco meno che indipendenti dai due califfati, si reggevano in Affrica.

La vendetta di un padre oltraggiato nell' onore di sua figlia da un re dissoluto, aperse, siccome è fama, le porte della Spagna ai Saracini. La vendetta di un amante a cui era stata tolta o l'amata o la sposa, li condusse nella Sicilia e loro ne agevolò la conquista. Il che seguì nell'827.

---

liani, disperati per le angherie di quell' imperatore, fuggirono dalla lor patria e andarono a porre l'abitazione loro in Damasco, fatta dal califfo Muavia metropoli dell' arabo impero. *Muratori, agli anni citati.*

Il Rampoldi, negli *Annali Musulmani*, racconta che alcune immagini religiose de' Cristiani, in oro e in argento, caddero in mano de' Maomettani discesi in Sicilia, e questi le spedirono al califfo in Bagdad, il quale le mandò a vendere nell' Indostan per ritrarne un maggior prezzo, stante l' avversione de' Musulmani a queste sacre immagini, idoli da loro chiamate.

Costante fu ucciso da Troilo uno de' congiurati, nel bagno di Siracusa, il settembre del 668. Mecezio, maestro della milizia, fu gridato imperatore dalle legioni orientali ch' erano in Sicilia. Ma Costantino, soprannominato Pogonato, figlio di Costante, già dichiarato imperatore dal padre nel 654, prese le redini del governo nella sede dell' impero. Questi venne con poderosa armata in Sicilia, espugnò Siracusa, ove l' usurpatore Mecezio fu trucidato. Poi tornossene a Costantinopoli, ed allora sopraggiunsero i Saracini nella Sicilia che probabilmente era rimasta sfornita di buoni presidj. È assai verisimile che Mecezio gli avesse chiamati in soccorso. *Muratori, ivi. — Caruso, ivi.*

» Narra Cedreno, storico greco, che un certo Eufemio capitano di milizia, perdutamente innamorato di una monaca, la rapì per forza dal monastero; ma essendo ricorsi i fratelli all' imperatore d' Oriente, venne ordine di gastigarlo, onde Eufemio prese la fuga, e ritiratosi presso i Saraceni dell' Affrica gl' istigò ad invadere la Sicilia. L' anonimo Salernitano al contrario ne rigetta tutta la colpa sopra gli stessi Greci, dicendo che Eufemio aveva contratti gli sponsali colla giovine Onomiza di mirabile bellezza; che il governatore greco sedotto con denari gliela levò, e la diede in moglie ad un altro; che infuriato Eufemio per un tale affronto passò nell' Affrica, e condotti seco i Saraceni nella Sicilia, aprì loro la via di impadronirsene nello spazio di pochi anni. » (1).

Quantunque il ratto della monaca abbia l'aspetto d'una favola greca, tuttavia questa versione, fondata sugli Storici bizantini, trovasi comunemente adottata da' più accreditati scrittori. Essi raccontano che Eufemio per quel ratto venne condannato dall' imperatore a perder la lingua o, come altri dicono, il naso; ond' egli, fatte ribellare le legioni all' imperatore, ed intitolatosi Augusto, ebbe ricorso alla politica de' Saracini Affricani, e promise al loro emiro di pagargli un grosso tributo se volea riconoscerlo per Augusto, e dargli soccorsi a sostener questo titolo. L' emiro accettò la proposta, ed Eufemio fece ben presto ritorno nell' isola vestito della porpora imperiale, seguitato da cento navi, con settecento cavalieri e diecimila fanti. Questi guerrieri sbarcarono nella marina di Mazzara, presso le rovine dell' antica Selinunte, se pure le rovine di

---

(1) *Muratori, Annali.*

Selinunte e di Segeste non furono in gran parte cagionate da' Saracini, come afferma il Caruso (1).

Venivano essi dalla provincia di Cairvan, ossia da quella parte della Barberia orientale che ora chiamiamo lo Stato di Tunisi; della quale era allora sovrano l'aglabita Muhammed Ziadeth Al'lah. Questo principe mandò alla conquista della Sicilia il Khadhi Assad, al quale succedettero in breve tempo altri due comandanti (2).

La conquista dell'isola non fu sì facil opera ai musulmani Aglabiti, perocchè il greco impero, possente in mare a que' tempi, spediva tratto tratto armate a difendere la Sicilia ch'era una delle sue più ubertose provincie, e che maravigliosamente gli giovava per conservare la sua supremazia nella Bassa Italia. E il patrizio Teodoto, passato da Costantinopoli in Sicilia con grandi forze di terra e di mare, li respingeva da Siracusa. Rimase ucciso l'apostata, e gli Arabi furono ridotti a mangiarsi i cavalli. Essi vennero di poi soccorsi da un potente sforzo dei Musulmani dell'Andalusia. Onde, rotto e vinto quel condottiero greco ne'campi di Mineo, i Saracini s'incamminarono verso Palermo, e strinsero d'assedio questa città, che per cinque anni fece loro contrasto. Finalmente e' se ne impadronirono per accordo nell'anno 835. Messina era venuta nelle lor mani quattro anni prima.

---

(1) *Curopolate — Caruso — Fleury — Gibbon.*

(2) La città di Cairvan venne fondata presso le rovine dell'antica Cirene da Ocuba, capitano arabo, nel 675, e fu per un tempo la capitale degli Arabi in Affrica. Ibrahim Ebn Aglab, fondatore della dinastia degli Aglabiti, vi si fece gridar sovrano l'anno 800. Fiorì molto sotto i primi Fatimiti. Il Cairvan, preso in più largo senso, significava la provincia d'Affrica o l'Affrica propria.

Ma nè Palermo, nè Messina erano la capitale dell'isola.
Lo era Siracusa, quella Siracusa cotanto famosa che ai
tempi antichi conteneva nella sua Pentapoli più popolazione che non ne abbia oggigiorno l'intera Sicilia. E
quantunque già devastata da' Vandali circa tre secoli prima, poi da' Saracini nel 669, essa era ritornata ad essere
una delle più floride città dell'impero orientale. Contro i
Saracini le cui forze venivano del continuo rifornite dall'
Affrica, Siracusa, difesa non meno dai Greci che da' suoi
cittadini, tenne fermo sino all' 878, ributtandone in varj
tempi ben sei assalti. Ma finalmente ella dovette soggia-
cere al lor impeto dopo nove mesi d'assedio (1).

Strettamente oppugnata e battuta con varie sorte di
macchine, quantunque i cittadini e il presidio greco facessero di grandi prodezze nella difesa, Siracusa fu tuttavia miseramente espugnata da' Musulmani che furibondi
trucidarono quasi tutti gli abitanti in cui s'avvennero
durante il saccheggio, il quale continuò per quasi due
mesi: conciossiachè fosse città ricchissima. Scrive lo storico
Novairi che quel bottino fu il più ragguardevole che i
Musulmani abbiano fatto in qualunque città da loro occupata, ne' tanti paesi che conquistarono, esclusa Madaen,
metropoli della Persia. Il che, meglio d'ogni altra parola,
può renderci immagine dell'opulenza di Siracusa innanzi
che cadesse nelle mani degli Arabi. Questi feroci con-

---

(1) L'antica Siracusa era formata di quattro parti,
Ortigia, *Tica*, *Acradina* e *Neapoli*, onde alcuni scrittori la chiamarono *Tetrapoli*, ed altri *Pentapoli* inchiu-
dendovi l'*Epipoli*. Questi quartieri di Siracusa, separati
gli uni dagli altri per alte mura merlate, ricevevano ciascuno il nome di città, onde i Romani dicevano *Sira-
cusae* nel numero del più.

quistatori diedero la città tutta alle fiamme e ne abbatteron le mura, indi ritornarono carichi di bottino a Palermo. Tutti i Siracusani, scampati all'eccidio, furono trasportati in Affrica, e venduti schiavi. Siracusa cessò d'allora in poi d'essere la capitale della Sicilia, nè potè mai più risorgere ad un'ombra pure del suo antico splendore (1).

Avea Siracusa, dice il Gibbon, serbata per cinquanta anni la fede giurata a Gesù Cristo ed all'imperatore. Aveano i Siracusani nell'ultimo assedio mostrato un avanzo di quel valore che altre volte avea fatto fronte agli eserciti di Atene e di Cartagine. La penuria de' viveri era salita a tal segno che due sole oncie di pane non valevano meno di uno scudo d'oro. Mancati finalmente i grani, i legumi e poi anche la carne de' più vili animali, arrivarono gli affamati cittadini a cibarsi sino delle trite ossa e della carne de' cadaveri umani. Alla fame s'aggiunse ancora il flagello della pestilenza. Le stesse donne si segnalarono nella lunga e pertinace difesa. Il diacono Teodosio, non meno che il vescovo e tutto il clero, furono divelti dagli altari, gravati di catene, condotti a Palermo, ivi gettati in una prigione, e continuamente esposti al rischio di scegliere o la morte o l'apostasia. Teodoro ci ha lasciato de' suoi casi un racconto patetico che può considerarsi come l'epitafio della sua patria (2).

L'espugnazione di Siracusa, seguita nel giugno dell'878, vien citata come il più grande avvenimento del regno di Ibrahim, principe aglabita, il quale trasferì la sua corte da Cairvan a Tunisi e prese ad abbellire la nuova

---

(1) *Rampoldi, Annali musulm. e Corografia dell'Italia.*
(2) *Gibbon, Decline and Fall — Caruso, c. s.*

sua capitale. Egli morì in Sicilia nel 9o5, e vien chiamato da alcuni storici Califfo di Cairvan (1).

La caduta di Siracusa trasse con se quella di tutti gli altri luoghi fin allora conservati dai Greci in Sicilia, e tutti poi, per attestato di Cedreno, furono smantellati dai vittoriosi Mori, fuorchè Palermo, città che, fornita di un comodo porto, e scelta da essi per sede della loro potenza navale e terrestre, crebbe di quinci innanzi in popolazione e grandezza, e divenne poi capitale della Sicilia (2).

Enna, piccola città ma reputata più forte ancora di Siracusa, era venuta alle mani de' Saracini, circa vent'anni prima, per tradimento e per sorpresa.

Ma Taormina e Rametta, due luoghi forti per sito e per opere di difesa, tennero saldo, l'una sino al 9o8, l'altra sino al 965. A soccorso di quest'ultima l'imperator greco avea mandato una poderosa armata composta di Greci, di Russi, di Armeni e di Persiani che sbarca-

---

(1) *Stor. degli Affricani.*
(2) *Muratori, Annali.* —
Abbattuti gli Aglabiti in Affrica, anche i Maomettani di Sicilia cacciarono il loro governatore aglabita, e nel 9io Obeid Al' Iah, fondatore della dinastia de' Fatimiti, prese il soprannome di Mehedi o Mohodi, cioè Direttore de' Fedeli, e spinse caldamente le sue conquiste nell' Affrica. Egli passò anche in Sicilia, e vi si fece prestar giuramento di fedeltà dai Musulmani di questa isola. Vi convocò pure un'assemblea di magnati, e presiedette alle loro deliberazioni. Durante il suo soggiorno in Sicilia, Isa, principe di Sejelmessa in Affrica, il quale avea ricusato di riconoscerlo, fu condotto innanzi a lui, e posto a morte per suo comando. Dopo aver passato quaranta giorni in Sicilia, egli tornò in Affrica, d'onde mandò Hasan, figlio d'Ahmed, suo governatore in Sicilia.
Storia universale, degl' Inglesi.

rono ne' dintorni di Messina; ma tutti furono messi a fil di spada o fatti schiavi dai Mori, alle vittoriose cui mani pur vennero le navi che avean portate quelle schiere in Sicilia (1).

Miglior ventura era toccata prima all' ammiraglio greco Basilio. Il quale sbarcato in Sicilia nel 956, e spianatavi la moschea di Riva, prese la città di Termini, poi venuto a conflitto con l'emiro Al-Assan, gli diede una sconfitta presso a Mazzara. Ma essendosi Basilio rimesso in mare, le cose tornarono allo stato primiero, ed Al-Assan nel 961 « condusse in Affrica, dice la Cronica arabica, gli ottimati de' Siciliani, e gl' instituì nella religione dell' emir Al-Mumenin, il quale largheggiò nel regalarli e beneficarli » (2).

L' emir Al-Mumenin, ossia Principe de' Credenti, di

---

(1) *Torremuzza, Fasti siciliani.* —
(2) Per *Optimates Siculorum* conghiettura il Muratori doversi solo intendere i figliuoli giovanetti de' nobili Siciliani. — Da questi e da altri fatti s'argomenta che i Saracini in Sicilia non costrignevano i Cristiani a farsi maomettani, ma s'adoperavano ad indurgli a quest'apostasia con varie maniere. Essi più che probabilmente si attenevano al precetto d'Abu Bekr, riprodotto nel 965 da Alakem II re di Cordova: « Al nemico s' intimerà d' adottar l'islamismo, ove non voglia soggettarsi alle tasse da noi imposte agl' infedeli. Quest' intimata non occorrerà, qualora il nemico sia l'aggressore. » *Conde, Storia degli Arabi in Ispagna.*
« La distruzione di Siracusa, dice il Rampoldi, fece a poco a poco abbandonare ai Siciliani la religione e la lingua dei Greci: l' islamismo dominò quasi sopra tutta l' isola. » *Ann. musulm.* — Trovasi nondimeno che grande era ancora il numero de' Cristiani in Sicilia al tempo della impresa de' Normanni, i quali anzi ne furono ajutati nella conquista dell' isola.

cui qui si parla, è certamente Al Moez Ledini l'Ilah, quinto califfo fatimita, il quale avea dato l'investitura dell'Affrica e della Sicilia ad Aboul-Yousouf, principe valoroso, secondo della dinastia de' Zeiridi.

Stanchi finalmente i Greci di combattere senza frutto contro de' Mori in Sicilia, fecero con essi la pace, la quale fu conchiusa in Cairvan col ridetto califfo Al Moez, l'anno 967. Questo sovrano fece fortificare Palermo e costruire varj castelli nell'isola per radunarvi gli abitatori dispersi nelle campagne. Ne' sessant'anni che poi seguirono, apparisce per molti argomenti che i Mori facessero fiorire quest'isola in cui avevano assodato il loro dominio.

Sin dall'ingresso dei Mori in Sicilia, ma specialmente dopo la presa di Siracusa, le armate loro che uscivano dai porti di Palermo, di Trapani e di Messina, ajutate da quelle che venivano dai porti di Biserta e di Tunisi, scorsero impunemente le coste della Calabria e della Campania, e ne posero a ruba cento e cinquanta città; nè il nome de' Cesari e degli Apostoli valse a difendere i sobborghi di Roma. Ragionando solo con umani argomenti egli sembra certo che se i Musulmani fossero stati concordi, essi avrebbero facilmente potuto aggiugnere tutta quanta l'Italia all'impero maomettano. Ma i califfi di Bagdad aveano ormai perduto ogni loro autorità; l'Egitto, l'Affrica e la Spagna esibivano regni musulmani disuniti e talora ostili tra loro. La discordia degl'Islamiti, si può dire con fiducia, fu il mezzo usato dalla Provvidenza per iscampar l'Italia da' loro artigli. Gli Affricani, stanziati in Sicilia, stettero contenti ad esercitare largamente il mestier di pirati (1).

---

(1) *Gibbon — Rampoldi.*

La rovina de' Mori in Sicilia ebbe la stessa origine che la rovina loro in Ispagna ed in altre contrade, cioè lo spartimento del potere tra i capi, l'amore dell' indipendenza in costoro e la discordia nata dalle ambiziose lor gare. Per le quali Maniaco, prode capitano greco, fu quasi in procinto di abbatterli.

" Era negli anni precedenti il 1038 insorta discordia fra i due fratelli saraceni Abulafar e Abucab, governatori della Sicilia. Si venne all' armi, ed Abulafar superato, ebbe ricorso a Michele imperador greco per ottener soccorso. Prese quell' Augusto pe' capelli questa congiuntura per isperanza di ritorre la Sicilia ai Saraceni, e con una buona armata spedì in Italia, oltre a Michele Duciano e Stefano patrizj, anche Giorgio Maniaco, famoso general d'armi de' Greci in questi tempi. Costoro unirono al loro esercito quanti Longobardi e Normanni poterono allettare con ingorde promesse a quell' impresa, e passarono in Sicilia. Felice fu il loro ingresso colla presa di Messina, e poi di Siracusa, dove spezialmente si distinse Guglielmo figliuolo di Tancredi d'Altavilla, venuto dalla Normandia a cercar fortuna con altri Normanni in Puglia. Le sue prodezze gli acquistarono il soprannome di *Braccio di ferro*. Intanto venuto dall' Affrica un gran rinforzo di gente, i Saraceni siciliani formarono un' armata di circa cinquantamila combattenti. Maniaco andò coraggiosamente colla sua gente ad assalir quegli Infedeli al fiume Remata, e diede loro una gran rotta, alla quale tenne dietro la presa di tredici picciole città di quell' isola, colla più bella apparenza del mondo di ridur tutta la Sicilia all' ubbidienza del greco Augusto.

" Ma la greca avidità e superbia tagliò il corso agli ulteriori progressi, e rovinò anche gli acquisti fatti. Gran

3

cose avea promesso Giorgio Maniaco ai Longobardi e Normanni, suoi ausiliarj a quell' impresa. Quando si fu a partire il bottino, anch' essi ne pretesero, come era il dovere, la lor parte. Nulla poterono ottenere. Inviarono Ardoino, nobile longobardo, a Maniaco per farne nuova istanza; e questi, forse perchè parlò con troppo calore, altro non riportò che strapazzi e bastonate. Voleano i Longobardi e Normanni correre all' armi e farne vendetta; ma il saggio Ardoino li consigliò a dissimular lo sdegno; ed accortamente ricavata licenza di poter tornare in Calabria, imbarcatosi con tutti i suoi aderenti, felicemente si ridusse a Reggio di Calabria in terra ferma. Allora fu ch' essi, preso per lor capitano esso Ardoino, si diedero a far vendetta dell' ingratitudine de' Greci con devastar tutto quanto poterono delle terre possedute da essi Greci in quella provincia. Di qui ebbe principio la rovina del dominio greco in Italia (1). »

Invano Maniaco riportò nel 1040 un' altra vittoria sui Saracini. Venuto a dissidio col patrizio Stefano, cognato dell' imperatore, e bastonatolo, egli fu mandato ne' ferri a Costantinopoli. Il comando dell'armi greche fu dato a Stefano, uomo vile e dappoco, che lasciò ai Mori il tempo di riaversi e l'opportunità di riconquistare il perduto.

Ricominciarono tra i Saracini le ambizioni e le gare; e i loro capi si spartirono la Sicilia tra loro, e si fondarono separati ed indipendenti governi. « Palermo da principio cadde sotto il dominio dei più potenti e dei grandi. Il Gaito, ossia capitano Abd' allà Benmencut occupò Mazzara, Trapani, Sciacca, Marsala e i luoghi vicini. Il Gaito Bennham s' impadronì di Castrogiovanni, Giargenti

---

(1) *Muratori, Annali.*

e Castronuovo. Benalteman fu signore di Siracusa, e prese
indi Catania, avendovi ucciso Benalkelabi, ed avendo
occupati altri luoghi, fu poi riconosciuto in Palermo; ei
certo incamminavasi al sovrano dominio dell' isola, se
avesse potuto trarre al suo partito il Gaito Bennham, da
cui fu pienamente sconfitto in una battaglia data nei campi
di Castrogiovanni. In tanta e sì generale perturbazione
di cose entrarono i Normanni in Sicilia nel 1061 (1). »

Un illustre Siciliano compendia a questa guisa la storia
degli Arabi in Sicilia: — « L' impero di Oriente era da
per tutto assalito dai vittoriosi Maomettani: e venuta già
l' Affrica in loro potestà, la famiglia degli Aglabiti, che
erano i signori di Kairwan, conquistò (827) la Sicilia. A
questi succedettero (908) i Fatimiti. Sotto ambedue le
Dinastie fu essa retta per un Emiro residente in Palermo,
e le altre città erano governate dai subalterni Emiri ed
Alcaidi, o sia Giudici. Ai naturali dell' Isola fu per lo
più conceduto di poter professare la cristiana religione;
e comechè alcuni fossero ridotti in servitù, pure moltissime città erano soltanto tributarie. Avvenne che i Califfi
Fatimiti avendo conquistato l' Egitto, ed ivi stabilita la
sede loro, i più potenti, e i capi delle nostre città tolsero a governarle indipendentemente. Divisa così la Sicilia in tanti piccoli Stati indipendenti, ed essendo i Saracini tra loro da guerre intestine divisi, siccome per
altro erano essi dalle lettere e dalle arti ammolliti, i Greci
ne tentarono la conquista, che fu poi, per la loro ignavia,
riserbata ai Normanni » (2).

---

(1) *Torremuzza, Fasti siciliani.* — « Gaito era nome di
carica militare appo i Saraceni, e suona in arabesco lo
stesso che capitano o comandante. »
(2) *Discorsi intorno alla Sicilia, di Rosario Di Gregorio.*

Un drappello di venturieri operò adunque la conquista della Sicilia, dalle congiunte forze dell' impero d' Oriente invano tentata (1).

Il fatto vien così raccontato dal Muratori:

»Dopo la conquista della Calabria il valoroso conte Ruggieri mirava con occhio di cupidigia ed insieme di compassione la vicina misera Sicilia posta sotto il giogo degli empj Saraceni, e cominciò a meditarne la conquista (2). La buona fortuna portò che si rifugiò presso di lui in Reggio Benhumena, ammiraglio saraceno della Sicilia, maltrattato e perseguitato da Bennameto, uno de' principi di quell' isola. Questi gli fece conoscere assai facili i progressi in Sicilia, da che essa era divisa fra varj signorotti mori, ed offerì il suo ajuto per l' impresa. Ruggieri adunque sul fine del carnovale dell' anno 1061 con soli cento sessanta cavalli passò il Faro per ispiar le forze de' Mori nell' isola, diede una rotta ai Messinesi, fece gran bottino verso Melazzo e Rameta; poi felicemente si ricondusse in Calabria, dove per tutto il mese di marzo e d' aprile attese a far preparamenti per portare la guerra in Sicilia. A questa danza invitato il duca Roberto Guiscardo suo fratello, colà si portò con buon nerbo di cavalleria, ed anche con un' armata navale. Presentivano veramente i Mori la disposizione dei due fratelli Normanni, e però accorsero da Palermo con una flotta assai più numerosa per impedire il loro passaggio. Ma l'ardito Ruggieri con cento cinquanta cavalli per altro

(1) Pei Normanni vedi la *Giunta*.

(2) Ruggieri, duodecimo ed ultimo de' figli di Tancredi d'Altavilla, e fratello di Roberto Guiscardo conquistatore dell' odierno regno di Napoli sui Greci e sui Saracini.

sito passò lo Stretto, e trovata Messina con poca gente, perchè i più erano iti nelle navi moresche, se ne impadronì: il che fece ritirar le navi nemiche, e lasciò aperto il passaggio a quelle di Roberto Guiscardo, il quale colà sbarcò colle sue soldatesche. Per questa sì gloriosa conquista, dopo 230 anni si rialberò la Croce nella città di Messina. Venne poi un grosso esercito di Mori e Siciliani, raunato da Bennameto, ad assalire il picciolo de' Normanni, ma restò da essi sbaragliato colla morte di dieci mila di quegl' Infedeli. Non è già vietato il credere assai meno. Diedero il sacco dipoi i due fratelli principi normanni a varie castella e contrade di quell' isola sino a Girgenti, colla presa di Traina. "

" I Cristiani greci, scrive il Sismondi, che abitavano nella città di Traina posta nella valle di Demone, ne aprirono le porte a Ruggiero, il quale vi si stanziò colla giovinetta sua sposa e con trecento cavalieri, infestando i Saraceni del vicinato. Ma gli stessi Cristiani, disgustati dall'arbitrario procedere de' loro ospiti, si rivoltarono ed introdussero in città i Saraceni che ne occuparono una parte. Non avendo allora altro luogo fortificato che li coprisse, trovaronsi i Normanni esposti a continue battaglie contro forze assai superiori, e nell' impossibilità di procurarsi i viveri con lontane scorrerie. In così trista situazione soffersero ogni maniera di disagi e talvolta la fame. La contessa e due o tre donne del suo seguito dovevano preparare il vitto per Ruggiero e per i suoi compagni d'armi, avendo ascritti alla milizia tutti i lor servi, ed erano a tale carestia d' abiti ridotti, che il conte e la contessa non avendo che un solo manto, valevansene alternamente quando l'uno o l' altro doveva uscire in pubblico. Al conte, in un combattimento rimasto solo in mezzo ai nemici, fu ucciso il cavallo; ma egli si fece largo colla spada, e prendendo sulle spalle la sella, perchè non rimanesse in mano de' nemici testimonio della sua disfatta, ritornò, attraversando lentamente le file nemiche, al proprio alloggiamento. In tali miserie seppero i Normanni sostenersi quattro mesi, occupando la metà d' una città di cui il restante trovavasi in potere de' loro nemici. Il rigore dell' inverno fu la loro salvezza. La città di Traina, posta a' piedi dell' Etna in un suolo assai elevato, restò coperta di neve; onde i Saraceni ed i Greci, non avvezzi a così acuti freddi, rallentarono i loro attacchi, ed i Normanni giunsero una notte a sorprenderli ed a scacciarli dall' altra parte della città. Padroni allora delle nuove fortificazioni, si risguardarono come in luogo d' intera sicurezza, quantunque in mezzo ad un' isola nemica (1). »

Il ridetto Ruggieri, al quale aggiungevasi il soprannome di Bosso, facendo maravigliose prove d'ardire, e debellando in molte battaglie i Mori, ridusse poscia gran parte dell'isola in suo potere, e nel 1070 s' intitolò Gran Conte di Sicilia.

A malgrado della cavalleresca prodezza de' guerrieri normanni, le conquiste loro furono assai lente, o perchè gli eserciti loro erano troppo piccoli, o perchè i soldati erano poco obbedienti ai lor capi, o meglio per queste due ragioni insieme unite. Quando i soldati aveano fatto una ragguardevole preda, e' si toglievano dalle insegne per andare a godersela tranquillamente, nè raggiungevano i loro compagni, se non quando si trovavano ridotti a povertà (2).

(1) *Sismondi, Stor. delle Rep. ital. Traduz. stamp. in Capolago.*
(2) *Sismondi, ivi.*

Quanto alla picciolezza de' loro eserciti, si narra che nella battaglia del Ceramo cento trentasei guerrieri normanni sconfissero cinquanta mila Saracini. «Ammettendo anche che questo computo il qual riduce a sì tenue numero i Normanni, non s'abbia ad applicare che ai cavalieri, ossia ai nobili che combattevano a cavallo, e che avevano ciascuno un seguito di cinque o sei uomini, e concedendo inoltre ai Cristiani quanti vantaggi, il valore, la bontà dell'armi ed il terrore del loro nome potessero aggiugnervi, tuttavia la sconfitta di un esercito sì numeroso, operata da una schiera sì picciola, mette il prudente leggitore nell'alternativa di scorgervi un miracolo od una favola » (1).

E veramente fu creduto che S. Giorgio, di rilucenti armi guernito, sopra bianco cavallo e con bianco stendardo, combattesse nelle prime schiere co' Normanni e rompesse le folte squadre de' Saracini (2).

Aggiungeremo qui due aneddoti intorno alle vittorie di Ruggieri.

Nella ridetta battaglia vinta al Ceramo (1063), fra le spoglie del nemico che furono immense, trovò Ruggieri quattro cammelli che mandò a Roma in dono a papa Alessandro II. « Il pontefice si rallegrò assaissimo di così prosperosi avvenimenti contro a' nemici della Croce, e spedì anch'egli a Ruggieri la bandiera di S. Pietro, per maggiormente animarlo a proseguir quell'impresa. »

Dopo un combattimento ch'egli sostenne presso Palermo e in cui fece gran macello de' Saracini che l'avean serrato da tutte le parti (1068), si trovarono, nel bottino,

(1) *Gibbon, c. s.*
(2) *Malaterra, Istorie.*

dei colombi chiusi in alcune sportelle. « Ruggieri, chie-
stone conto, venne a sapere esser uso de' Mori il portar
seco tali uccelli, per potere, allorchè il bisogno lo ri-
chiedeva, informar la città degli avvenimenti, con legare
al collo o sotto le ali di essi un polizzino e dar loro la
libertà. Dura tuttavia quest' uso in alcune parti del Levante, e celebre fu tra i Romani nell' assedio di Mode-
na. Fece il Conte scrivere in arabico in un poco di carta
il successo infelice de' Mori, e i colombi sciolti ne portarono tosto a Palermo la nuova che empiè di terrore e
pianto tutta la città (1) ».

Trent' anni abbisognarono a Ruggieri per conquistare
interamente la Sicilia.

Egli espugnò Palermo nel 1072 dopo cinque mesi di
faticoso assedio, accompagnato da una vittoria navale,
nella quale i Normanni sconfissero un' armata di Mori,
venuta dall' Affrica in soccorso di quella città. I Musulmani resero Palermo a Ruggieri col patto che fosse loro
permesso di vivere liberamente nella lor legge maomettana. La presa di Trapani nel 1077, di Taormina nel
1078, di Siracusa nel 1088, e finalmente quelle di Agrigento e di Castello San Giovanni nel 1089, e di Noto
nel 1090, procacciarono a Ruggieri Bosso il dominio di
tutta l' isola (2).

---

(1) *Malaterra, Istorie.* — *Muratori, Annali.*
(2) La cronaca araba di Hazi-Alifa-Mustafà, pubblicata
dal Caruso e poi nuovamente dal Muratori, dice che i
Musulmani furono al tutto soggiogati in Sicilia nell' anno
dell' Egira 482. Il principe di Torremuzza ha mostrato
assai bene che le date di questa cronaca sono esattis-
sime ove solo si consideri l' anno dell' Egira e non il cor-
rispondente dell' E. V. aggiuntovi erroneamente dal Ca-

La perdita della Sicilia avvenne ai Mori nel lungo regnare di Tamim, principe Zeiride nella Barberia orientale. Benchè la sua autorità non fosse più molto ricono-
sciuta dai capi saracini in Sicilia, tuttavia ei non tralas-
ciò di soccorrerli con ogni suo sforzo. Ma il valore dei
Saracini mal potea giostrare contro il prevalente valor
dei Normanni, i quali conquistata la Sicilia, fecero sentire all' Africa stessa il terribile peso dell' armi loro (1).

Ruggieri I, figliuolo di Ruggieri Bosso, cambiò il titolo
di Gran Conte in quello di Re di Sicilia, e fu solenne-
mente coronato in Palermo il dì 25 dicembre 1130. Egli
passò in Africa, e cacciò da Tripoli, da Mahadia e da
varie altre città Hassan, figlio d' Alì, che fu l' ultimo
principe della dinastia de' Zeiridi (2).

Non tutti i Mori però esularono dalla Sicilia. « Ve ne
restò una gran quantità a' quali fu permesso il vivere e
credere secondo la loro legge, purchè osservassero la
fedeltà dovuta al sovrano » (3).

_____

ruso il quale trasse nell' inganno anche l' esattissimo Muratori, e che quell' anno 482 dell' Egira cominciò ai 16
marzo dell' anno 1089 dell' E. V. — In generale ci siamo
applicati a stabilire con tutta accuratezza le date che
rechiamo in questo nostro lavoro; ma se qualche volta
abbiamo errato seguendo qualche illustre autore, ci giova
sperare nell' indulgenza di que' dotti che conoscono l' incertezza della cronologia di quelle età tenebrose.

E la stessa indulgenza pure invochiamo per rispetto ai
nomi arabi che al più spesso abbiamo scritti secondo
l' ortografia de' migliori Orientalisti, ma che talora abbiamo conservati come trovansi nelle istorie italiane.

(1) *Hist. des Africains.*
(2) *Ivi, e De Guignes.*
(3) *Muratori, Annali.*

Essi continuarono ad abitare principalmente i luoghi rivolti a mezzogiorno, sottoposti al dominio di Ruggieri re, il quale permise loro di ritener le costumanze native e di poter possedere i loro beni con diritto di proprietà, di poterne disporre, e contrarre alla maniera loro, ed aver notari della propria loro nazione (1).

Sì Ruggieri gran Conte che Ruggieri Re, presero gli Arabo-Siculi al loro militare servigio, e di parecchie migliaja di questi Musulmani ingrossarono il loro esercito (2). Nel che si guidavano secondo la ragione di Stato. Imperocchè gl'Imperatori di Costantinopoli riguardavano la Sicilia come appartenente al lor trono per antico ed irrepugnabil diritto; e veramente l'imperio greco avea fatto grandi e lunghi sforzi per riconquistarla sopra de' Saracini, anzi i Normanni non erano da principio passati in Sicilia se non come stipendiati degli Augusti di Bisanzio (3). E se gl'imperatori d'Oriente aveano i Normanni in conto di usurpatori, i Greco-Siculi, dal canto loro, che più assai degli Arabo-Siculi erano numerosi nell'isola, teneano continuamente volti gli sguardi e gli animi non solo verso quella sede imperiale di Costantinopoli ch'era stata per loro sempre argomento d'affetto, ma eziandio

---

(1) *Torremuzza, ivi.*

(2) Nel 1096 Ruggieri, gran Conte di Sicilia, venne all'assedio di Amalfi con venti mila Saraceni suoi sudditi. Nelle guerre di Ruggieri re contro Lottario III imperatore (verso il 1137) il nerbo dell'esercito siciliano era composto di Saraceni.

(3) «Pretendevano sempre gl'Imperatori d'Oriente che i Normanni indebitamente ritenessero in loro potere la Sicilia, ed ingiustamente avessero tolto all'imperio greco molte città di Puglia e Calabria ». *Muratori, Annali.*

verso la sede patriarcale di quella città, non ben comportando di essere stati sottoposti alla Chiesa romana da Ruggieri gran Conte, cui papa Urbano II avea creato (1098) Legato apostolico in Sicilia, esso ed i suoi successori. A frenare sì gli uni che gli altri, i due Ruggieri non aveano che i loro prodi e fedeli Normanni, ma il numero di questi era insufficiente a tant'uopo. Laonde favorirono e posero sotto le loro insegne i Maomettani lor sudditi, che ogni cosa aveano a temere da essi, e che quindi dovean meglio sentire il benefizio. Collegando di tal guisa gli Arabo-Siculi alla causa normanna, più nulla ai due Ruggieri rimaneva a paventare dai Greco-Siculi che in valore e perizia d'armi sottostavano assaissimo a quelli. Anzi Ruggieri Re fu per tal politica in grado di portare felicemente la guerra nel seno dell'imperio greco. I due Guglielmi che succedettero ai due Ruggieri, tennero la stessa condotta, anzi riempirono di Arabo-Siculi la reggia loro. I re Svevi, succeduti ai Normanni, trasportarono poscia nel regno di Napoli i Maomettani, che finalmente ne furono cacciati dagli Angioini, come narreremo nell'altro capitolo (1).

Dobbiamo tuttavia soggiugnere col Giannone che «quantunque al re Ruggieri non piacesse usar la forza co' Saraceni e Giudei, ch'erano in Sicilia per la loro conversione, usava però gran diligenza ed industria che ne' suoi reami si convertissero alla fede di Cristo» (2). Moltissime

_____

(1) La condizione de' Saracini in Sicilia dopo la conquista normanna viene largamente raccontata nella *Giunta* colle parole di Rosario di Gregorio.

(2) *Giannone, Stor. civ. del Regno di Napoli.*—Diversamente aveva operato Ruggieri Gran Conte. *Nam revera*

furono le conversioni, e si cita tra gli altri esempj quello
del saraceno Elia Crotomense, il quale venuto alla fede
di Cristo, poi ricaduto in mano de' Saracini prima che
questi fossero vinti del tutto, elesse di morire anzi che
di tornare alla falsa religione di Maometto (1).

I primi arrivi de' Saracini in Sicilia furono contrasse-
gnati da incendj e rapine e morti e crudeltà. Ma rasso-
datisi poi nella conquista, essi la fecero rifiorire. Molte
castella si trovano tuttora in Sicilia che con gli arabi lor
nomi mostrano i lor fondatori.

I Musulmani erano da prima ignoranti, ed ignoranti ritornarono ad esser da poi. Ma essi ebbero un periodo di
singolare splendore nelle scienze, nelle lettere e nelle
arti. Questo periodo principia dal secondo degli Abassidi
Al Mansour, gridato Califfo nel 754, e scende sino alle
conquiste de' Turchi, popolo rozzo e feroce, cinque o sei
secoli dopo. I califfi Al Mansour e Al Raschid posero le
fondamenta della coltura araba. Ma chi recolla al più alto
segno fu il califfo Al Mamoun che morì nell' 833, dopo
aver regnato trent' anni. « Questi, dice il Rampoldi, fu il
più erudito fra i molti dotti principi che sedettero sul trono
degli Arabi, e fu il più rinomato degli Abassidi nel favo-
rire indistintamente i letterati, di qualunque nazione e religione essi fossero. Tutti gli Storici s'accordano a dire
che durante il suo regno si fece un maraviglioso pro-
gresso nel perfezionamento dell' umano intelletto fra gli

---

nullum eorum pati volebat Christianum impune fieri.
Quod qua industria, ut ita dicam, faciebat, nihil mea in-
terest. Viderit Deus et ipse. Così il monaco Eadmero, testimonio di veduta, nella Vita di S. Anselmo.
(1) Fazello — Caruso — Torremuzza. —

Arabi. Lo zelo e la perseveranza di Mamoun furono imitati da' suoi successori. Anche i rivali degli Abassidi, i Fatimiti d'Africa, gli Ommiadi di Spagna, ed altri principi asiatici, vassalli dell' arabo impero, protessero tutti egualmente il sapere; e da Samarkand e Bukharah sino a Fez ed a Cordova venne incoraggiato lo studio. »—

» Eccitati dall' esempio de' loro califfi, gli Arabi si diedero a studiare le scienze, cioè la filosofia, le matematiche e la medicina. Le parti della filosofia, da essi più coltivate, furono la dialettica e la metafisica; delle matematiche, l' aritmetica, la geometria e l' astronomia; della medicina, la botanica e la chimica. Questi studj si estesero da per tutto dove regnavano i Musulmani » (1).

(1) *Fleury, Storia Ecclesiast.* — Ed a maggior chiarimento recheremo il seguente passo del compendiatore dell' Andres.

» L' Augusto, a così dire, degli Arabi, il padre della nazionale coltura, è il figliuolo di Raschid, il memorabile Almamon; il quale ne' suoi viaggi volle a compagni i più dotti personaggi greci, persiani e caldei; il quale della capitale Bagdad, edificata già per Almanzore alle rive dell' Eufrate, fenne un emporio di tutte le scienze; il quale fe' venire colà di Siria, d' Armenia, d' Egitto, di Persia, di Grecia, ogni maniera di libri; il qual finalmente v' apprese egli stesso filosofia', medicina, matematica e diritto.

» Oltre a Bagdad, sede non men delle Muse che del califo, Cufa e Bassora nome immortale si ferono pe' valenti scrittori che vi si formarono. Balkh, Ispahan, Samarcanda, di molti collegi furono adorne. Alessandria parve il primiero lustro ripigliasse che a' felici giorni avea goduto de' Tolomei, nè vi ebbe meno di ben venti scuole. Il Cairo avea sì ampli collegi, che un d' essi servir potè all' esercito di cittadella. Grandiose e splendide fabbriche, sagge ed opportune istituzioni trovavansi a Fez, a Marocco, dove

E per conseguente si dovettero estendere anche alla Sicilia, da essi dominata per due secoli, e ciò naturalmente dovette accadere al tempo della signoria dei Fatimiti, sotto i quali l' Egitto vide risorgere i bei tempi de' Tolomei (1).

» La Sicilia, ritenendo sempre le antiche institutioni, era, scrive il Gregorio, da gran tempo bene arrivata. I Saracini, che ai buoni tempi la dominarono, e dalle cui mani si ebbero le scienze e le lettere greche, concorsero ancor essi a mantenere una certa cultura nell' Isola, ed avean qui parimente pubblicate più opere di erudizione e di filosofia. I Normanni, che furon pure e per cuore e per senno valenti signori, non che invitarono a qui risedere uomini eccellenti in sapere, ma pregiarono ancora i dotti arabi che qui si rimasero » (2).

Non i Barbari che abbatterono l' imperio romano, distrussero in Italia il sapere, poichè l' Italia sotto i Goti fu adornata ancora di lettere ed arti. Nè l' ignoranza longobarda estinse pure del tutto la face della dottrina. La quale gettò nuovamente qualche luce a' giorni di

ci erano delle insigni e ricche biblioteche. Ma dove le scienze degli Arabi più fiorirono, fu senza fallo in Ispagna. Invaso da loro quel vasto reame, siccome da essi le leggi, così del pari ne ricevette le lettere. Cordova, Granata, Siviglia e cento altre cittadi ispane furono di scuole, di collegi, di accademie, di librerie dovizziosamente fornite e adorne. *Andres, dell' Origine d'ogni letterat., Compendio.*

(1) *Ginguené, Stor. della Letter. ital.*, e vedi ivi il suo bel capitolo intitolato *Della Letteratura degli Arabi e della sua influenza sul risorgimento delle lettere in Europa.*

(2) *Discorsi intorno alla Sicilia, c. s.*

Carlomagno. Ma la barbarie, cosa diversa da' Barbari benchè originata da loro, fu quella che addensò le tenebre sulla nostra già sì classica terra. E questa barbarie giunse all' estremo suo punto nel Novecento; essa principiò a diradarsi dopo il Mille, e la nuova civiltà, emersa da quel bujo, venne poi sempre acquistando più luce.

Il rinascimento della letteratura italiana è dovuto in gran parte alla letteratura degli Arabi; i quali non solo c' insegnarono la filosofia, le matematiche e la medicina, ma gli esemplari greci, già perduti per noi, ci trasmisero voltati nella lor lingua, e comentati da loro. Aristotele, ritradotto dall' arabo e con que' comenti, tiranneggiò per più secoli le scuole d' Europa.

Questi fatti sono consentiti all' incirca da tutti i critici. Se non che v' ha tra loro chi attribuisce, come fa il Bettinelli, il passaggio della letteratura araba in Italia al commercio degl' Italiani co' Mori di Spagna (1).

Ma qual era il commercio degl' Italiani coi Saracini spagnuoli? Per terra nessuno; per mare pochissimo, poichè le nostre città marittime non s' elevarono se non verso il Mille, e l' istoria c' insegna che i Mori, prima delle vittorie pisane e genovesi, padroneggiavano essi il mare, ed ogni volta che i Musulmani sono potenti sull' onde, spiegano una bandiera ostile a tutte le altre bandiere, nè concedono a' Cristiani il traffico marittimo ne' lor porti, se non quando senza le nostre navi giacerebbero oscuri e silenziosi que' porti.

Ma perchè cercar lontano ciò ch' era vicino? I Saracini

_____

(1) *Risorgimento d' Italia.*

di Sicilia sotto i Fatimiti, erano colti quanto i Saracini di Spagna. Nei dodici lustri che corsero dalla pace fatta dal lor Califfo coll'Imperatore d'Oriente (967) sino alla spedizione di Maniaco (1038), essi vi dominarono tranquilli, tornarono in bella condizione l'isola, e Palermo divenne splendida sede di popolo, di lettere e d'arti. Il catalogo de' dotti Arabo-Siculi, pubblicato dal Gregorio, n'è splendida prova. Questi dotti furono in onore appresso i re normanni dopo la conquista. L'origine della famosa scuola medica di Salerno sul continente viene dal Giannone attribuita agli Arabi; e, se non altro, certamente la scuola di Salerno insegnava all'Occidente la medicina degli Arabi.

« Sedate, scrive il Torremuzza, in qualche modo le guerre arabo-greche, gli emiri di Sicilia diedero asilo alle scienze; il che a sufficienza vien dimostrato dallo studio delle arti, da essi professato e favoreggiato, specialmente dell'architettura, della scoltura, della pittura a musaico e dell'arte vetraria. Lo studio principale in cui parimente si esercitavano gli Arabi, era quello della religione loro, cioè l'alcorano; restringevano essi in pochi versi, e scolpivano non che in grosse colonne, ed in tante altre iscrizioni di marmo, ma in tutti gli utensili casarecci di bronzo e di metallo le loro massime. Il canonico Schiavo, ed il gesuita Giovanni Battista Giattini son di parere che il palazzo della Zisa, edifizio ancora sussistente in Palermo, fu edificato per pubblico letterario convitto, in cui a pubbliche spese, come lo erano quelli dell'Affrica, alimentavasi la gioventù saracina, e nella carriera delle lettere si educava(1). »

(1) *Torremuzza, ivi.*

Il Sismondi non è lontano dall' attribuire agli Arabo-
Siculi il vanto d' aver ajutato il nascimento della poesia
italiana.

» Signoreggiando i Normanni, egli dice, cominciò l' italiana o siciliana lingua a prendere piede. Sotto i due
Ruggieri e i due Guglielmi, che vale a dire nella prima
metà del secolo XII, essendo la Corte di Palermo divenuta ricca e voluttuosa, vi risonarono per la prima volta
i canti de' poeti siciliani (1). Alla stessa epoca si videro
gli Arabi acquistarvi un credito ed un' influenza che non
esercitarono giammai in nessun' altra Corte cristiana. Guglielmo I fece custodire il suo palagio da eunuchi, siccome usano i monarchi dell' Oriente, e questi erano
tutti musulmani. Egli elesse fra loro i suoi confidenti, i
suoi amici, ed anche talora i suoi ministri. Tutti quelli
che davano opera alle arti, tutti quelli che contribuivano
a' piaceri della vita, erano Saracini; la metà dell' isola
era ancora da essi abitata. Allorchè sul finire del secolo
duodecimo, Federico II successe a' monarchi normanni,
egli trasportò poderose colonie di Saracini nella Puglia
e nel principato; ma non gli allontanò nè dai suoi ser-
vigi, nè dalla sua Corte; a rincontro formò di essi il suo
esercito, e scelse quasi unicamente infra loro i governatori di provincia, ch'egli chiamava giustizieri. Laonde,
così al levante come al ponente dell' Europa, gli Arabi

_____

(1) Di Siciliani sono i più antichi monumenti che ci
son rimasti di poesia volgare. — Ciullo d'Alcamo scriveva
certamente prima del 1193. — Secondo il Petrarca, citato dal Pignotti, ai Siciliani e non ai Provenzali appartiene la prima idea di poetare in volgare favella. Il che
reca l' origine della poesia siciliana ai tempi della conquista normanna. *Rinascim. delle scien. e lett.*

4

si trovarono in istato da comunicare a' popoli latini le loro arti, le loro scienze e la loro poesia (1). »

Questa opinione del dotto istorico e critico, non meno che le sentenze del Ginguené sull' influenza del gusto arabo sul gusto italiano, si potrebbero illustrare ed allargare. E per cagion d' esempio il Ginguené, ragionando de' nostri primi lirici, trova il carattere orientale nelle frequenti loro descrizioni della primavera, dell' erbe e de' fiori, del cantar degli uccelli, del correr de' ruscelli, della freschezza delle fonti, dell' usignuolo introdotto qual messaggio d' amore, e nelle sottigliezze dello spirito applicate ai pensieri ed alle immagini amorose. Ma anche i negromanti, le fate, gl' incantesimi, i palazzi d' adamante, gli anelli magici, e quasi tutto il maraviglioso de' nostri epici, sono invenzioni tolte nella massima parte dagli Arabi, come ben avverte il Denina (2).

Ma noi intorno alla sola architettura vogliamo qui diffonderci alquanto.

« Fra tutte le belle arti, scrive l' autorevolissimo Gregorio, che con sommo studio coltivarono gli Arabi Siciliani, dee principalmente annoverarsi l' architettura. Oltrechè attestò lo stesso conte Ruggieri *che i palazzi loro erano fabbricati con maraviglioso artifizio*, è ancor ciò manifesto da alcuni edifizj i quali di essi restano, e le cui rovine annunziano la primiera loro grandezza » (3). Tra que' primi è il ridetto palazzo della Zisa in Palermo, intorno al quale scrivono altri che quel nome in arabo significhi luogo di delizia o fiore nascente, e fosse dedicato

---

(1) *Sismondi, Letterat. dell' Europa meridion.*
(2) *Vicende della Letteratura.*
(3) *Discorsi, c. s.*

da un Emiro alla sua figlia, morta nel fiore degli anni.
Dicono pure che ad un' altra sua figlia egli dedicasse l'altra fabbrica saracina, detta già *Cuba* ed ora *Borgognoni.*
Il reale palazzo di Palermo, ridotto poi a più magnifica
forma dai Normanni, fu pure innalzato dai Saracini (1). I
bagni di Cefalà sono chiamati dal Gregorio un magnifico
edifizio de' tempi saracini. Ed oltre a queste fabbriche,
rimangono, al dire de' colti viaggiatori, in Palermo ed in
altre parti della Sicilia molte antichità de' tempi saracini,
le quali valgono il pregio di essere considerate. Farebbe
buon' opera chi pubblicasse, diligentemente disegnati ed
illustrati, questi monumenti, come venne fatto per le fabbriche moresche in Ispagna (2).

L'arco acuto e la sottigliezza degli ornati sono i caratteri che più contraddistinguono l'architettura del Medio
Evo. Gli Arabi, dice il Ferrara, edificarono in Sicilia
con muri traforati a giorno come i merletti, con fasci di
torce o bastoni, piuttosto che con colonne, cercando il
maraviglioso, il laborioso e non il bello e il grandioso,
il manierato e non il semplice. Egli non ci dice se quegli
edifizj erano ad arco acuto, ma dobbiamo crederlo, perchè quest'arco, che vuolsi d'origine persiana, incontrasi
in tutti gli edifizj moreschi non innalzati da architetti
professanti la scuola neo-greca.

La maestosa cattedrale di Palermo, che tuttora fa la
maraviglia de' viaggiatori, benchè guasta dalle borromi-
nesche aggiunte del campanile e della cupola e diffor-

(1) *Peranno, Note al Viaggio in Sicilia di Munter.*
(2) Vedi la descrizione del palazzo della Zisa e de' bagni di Cefalà nella *Giunta.*

mata nell' interno, venne eretta nel 1185 dal normanno
arcivescovo Gualtieri Offamilio, con disegno di architetti
arabi rimasti nell' isola. Paragonando questo tempio, an-
noverato tra i primi dell' Italia dall' Alberti, e quello di
Monreale di dieci anni anteriore, colle tante magnifiche
cattedrali edificate contemporaneamente, o poco di poi, dai
Normanni in Francia ed in Inghilterra, noi entriamo in
pensiero che lo stile ora comunemente chiamato gotico-
moresco, e dagl' Inglesi saracino-normanno, il quale cam-
peggia nella maggior parte delle insigni chiese europee del
Medio Evo, non altramente sia venuto che dagli Arabi in
Sicilia. Questo pensiero merita almeno che dai dotti nella
architettura venga preso in esame.

E veramente gli eruditi compilatori di un giornale inglese, parlando di esso Duomo di Monreale, a 4 miglia da
Palermo, fondato verso l' anno 1174 da Guglielmo II, ed
una delle opere più singolari che adornino la Sicilia,
scrivono in questa sentenza:

» Sin dall' undecimo secolo, e intorno al tempo in cui
i Normanni conquistarono l' Inghilterra (1066), il conte
Ruggieri, primo Normanno che signoreggiasse la Sicilia,
diede opera a fondarvi città e ad edificarvi chiese grandiose. Ma soltanto sotto il suo discendente, Guglielmo
il Buono, venne edificata la Badia di Monreale..... Del
pari che tutti gli edifizj normanni di quell' età, questa
Badia è strettamente e quasi interamente caratterizzata
dallo stile moresco ossia saracino. Ovvia è di ciò la cagione. I Normanni che invasero l' Isola non erano architetti, nè può credersi che conducessero alcuni artefici
insieme con loro; laddove essi trovarono in Sicilia buon
numero di valenti artefici saracini e null' altro che saracini modelli. Non poterono essi a meno di restare alta-

mente ammirati al contemplare la leggerezza e la bellezza dell' edificare, e la maravigliosa maniera in cui il
predominante stile d' architettura si accomodava ad un
caldo clima; e queste circostanze di convenienza e di fa-
cilità a trovare artefici, bastava, anche indipendentemente da ogni gusto, per indurgli a perpetuare l' architettura de' Mori.

« I chiostri di Monreale sono, per magnificenza, am-
piezza e buon gusto, il magistero dell' architettura sara-
cino-normanna, e quantunque lungo sia l' intervallo che
li divide dal gran magistero dell' arte morèsca in Ispagna,
tuttavia essi vengono spesso chiamati l' Alhambra della
Sicilia » (1).

Ma noi considerando come le più celebri chiese antiche della Normandia e dell' Inghilterra sieno parimente
di stile saracino-normanno, ed innalzate al tempo che due
dinastie normanne sedevano l' una sul trono d' Inghilterra, l' altra sul trono delle Due Sicilie, spingiamo più
oltre le nostre conghietture, e portiamo opinione che
edificate fossero esse pure da architetti ed artefici Arabo-
siciliani, mandati dai Normanni di Sicilia ai Normanni di
Francia e d' Inghilterra, paesi, ove le arti, fiorenti allora
tra gli Arabi, erano quasi ignorate. Il che vien meglio avva-
lorato dal seguente passo del Rezzonico intorno alla famosa
cattedrale di York, riedificata nel 1171, cioè quasi contemporaneamente alla cattedrale di Monreale: « È certo, egli
scrive, gran maraviglia l' osservare nella struttura di
questo magnifico edifizio come affrontassero in que'tempi
ogni difficoltà gli architetti, ed intendessero a traforare

(1) *The Penny Magazine; July* 1, 1837.

da ogni banda un edifizio e sospenderlo in aria su lun-
ghissime colonne, le quali perfettamente imitavano la
gracilità del pioppo, anzichè la robustezza delle querce,
e in tutta la forma del tempio parevano simulare una
boscaglia sacra alla divinità ed opaca di religioso orrore:
e fra i rami della selva tendevano mirabili conopei e ve-
larj con intreccio moltiforme ed elegantissimo di nodi,
cosicchè può dirsi una ragion novella d' architettura e
non già una corruttela dell' antica. Imperocchè la tenda
e la selva erano evidentemente il modello di sì ardite
fabbriche, e dall' arabesco genio traevano queste idee,
non dal greco, non dal romano, non dal gotico, ossia
tedesco, il quale fu degenerazione incominciata a Costantinopoli e propagata in Italia dai Greci. Ma l' araba architettura dalle occupate Spagne passò in Francia ed in
Inghilterra, e tutta ritenne la minutezza e la barbarica
pompa orientale ed il capriccio di una riscaldata fanta-
sia (1). "

Non *dalle occupate Spagne* ma *dall' occupata Sicilia*
si debbe, a nostro credere, porre il passaggio dell'araba
architettura in Francia ed in Inghilterra. E dalla Sicilia
pure essa trapassò sul continente d' Italia, ove ne rimangono tanti illustri vestigj, anche anteriori alle Crociate.

I Saracini posero la stabile lor sede in Sicilia nell'anno 827, e non vi furono interamente soggiogati sino al
1090. I Normanni allor rannodarono quell' isola al sistema
europeo, e vi stabilirono un governo quasi affatto eguale
a quello che Guglielmo il Conquistatore, pure normanno,
avea stabilito, alcuni anni prima, nell' Inghilterra.

---

(1) *Rezzonico, Viaggio in Inghilterra.*

Noi abbiamo, per quanto era nelle nostre forze e per quanto ci concedeva la qualità d' un compendio, raccontato la storia de' Maomettani in Sicilia, « la quale principalmente per mancanza di memorie, dice il Gregorio, è stata sinora oscurissima, nè perciò si è veduta con qualche dignità maneggiata ». Ma lontani dalla Sicilia, da' suoi archivj, da' monumenti moreschi ch'essa tuttora possiede, e privi perfino di molti libri colà stampati intorno a quest' argomento, non possiamo nudrire altra speranza se non se che le gravi fatiche da noi sostenute in questa bisogna, sieno semente che porti frutto migliore (1).

---

(1) Tra i libri, da noi invano desiderati, è un' eruditissima opera di Rosario di Gregorio, del quale abbiamo potuto solo procacciarci i *Discorsi*. Essa ha per titolo: *Rerum Arabicarum, quae ad Siciliam spectant, ampla Collectio*. Egli in quest' opera rapporta gli originali di quegli arabi scrittori che trattano della Sicilia, e vi mette in fronte la sua traduzione latina; rapporta eziandio nella stessa diversi marmi, ed altri monumenti *Cufico-Siculi*, e conchiude con due Dissertazioni, una intitolata *Doctrina temporum Arabum Siculorum*, e l'altra *de viris literatis apud Arabos Siculos*.

Il Gregorio fu il primo a scoprire l'impostura dell'ab. Gius. Vella, maltese, il quale nel 1784 ebbe l'ardimento di supporre il famoso *Codice diplomatico della Sicilia*, dimostrato falso per ogni verso, e che ora si vorrebbe credere solamente interpolato e viziato. Morì nel 1809.

Vita e note ai Discorsi.

CAPITOLO V.

Gli Arabi nell' Italia meridionale.

Il Garigliano è il fiume principale della Terra di Lavoro, detta anticamente Campania felice, che l' imperatore Federico II chiamava più bella della Terra promessa.
Ha le sue fonti alle falde australi dell' Apennino Abruz-
zese, e la sua foce nel mar Tirreno, presso alle rovine
dell' antica Minturno, ove forma le Paludi Liriane, così
dette perchè *Liris* era il nome latino di questo fiume. Il
Garigliano ove perì annegato Pietro de' Medici, è fiume
famoso anche nella storia militare de' tempi moderni.
Dall' avere i Saracini, nel nono e decimo secolo, tenuto il più forte lor nido alla foce di questo fiume, ne
avvenne che Saracini del Garigliano sono spessissimo
addimandati nell' istorie que' Maomettani d' Affrica e di
Sicilia che recarono più guasti alla Campania ed al ducato romano. Altri nidi, nondimeno, e ben muniti ricoveri, e rocche e terre e castella ed anche forti città possedettero i Saracini di que' secoli sulle spiagge, sì tirrene
che adriatiche, del presente Regno di Napoli che quasi
tutto depredarono o successivamente signoreggiarono,

tranne Napoli, e qualche altra città o terra ben fortificata. Le principali loro abitazioni furono sul Garigliano, nella Puglia, nel monte Gargano, in Bari, in Salerno e in Pozzuoli. Nel monte Gargano che guarda l'Adriatico, ebbero. lunga stanza dappoi che furono cacciati dal Garigliano sull' altro mare (1).

Sin dal penultimo anno di Carlomagno, cioè dall' 812, aveano i Mori saccheggiato l'isola di Lampedusa, quella di Ponza, e la Maggiore presso Napoli, la quale è Ischia senz'alcun dubbio. Era poi succeduta pace tra essi e il patrizio Gregorio, comandante l'armata navale de' Greci, il quale ne aveva riportato vittoria. Nella qual pace i Mori non aveano voluto obbligarsi a verun accordo pei Saraceni di Spagna, perchè non sottoposti questi alla loro giurisdizione, anzi ribelli al loro califfo. Questo califfo era quello di Bagdad, del quale riconoscevano ancora l'alto dominio gli Aglabiti che esteso aveano in quel torno il loro dominio nella Mauritania, e ch' erano i Mori passati a disertare le coste dell' Italia e delle sue isole. Gli Ommiadi di Spagna erano in nimistà coi califfi Abassidi regnanti in Oriente.

Ma poscia che que' Mori si furono stanziati nella Sicilia (827), e quivi assodatisi colle vittorie, imminente si fece il pericolo pei lidi della terra ferma italiana, propinqua a quell' isola. Laonde il pontefice Gregorio IV fabbricava (833) una nuova città nel sito d' Ostia, e la muniva di petriere e di buona fossa all' intorno, ordinando che in avvenire quella chiave del Tevere si chiamasse Gregoriopoli. Pel converso Andrea, duca di Napoli, di-

(1) *Giannone, Storia civile del regno di Napoli.*

mandava i Saracini (837) in suo ajuto contro Sicardo duca
di Benevento. I quali vennero dalla Sicilia, ma tosto vi
tornarono, ben regalati da Andrea con cui Sicardo avea
fatto pace e restituitigli i prigionieri, vinto dal timore di
questi nuovi nemici. Ma il buon esito della prima spedizione dovea naturalmente invitare i Mori a susseguenti e
maggiori imprese contro il continente d'Italia, per avvicinarsi al quale essi aveano, sin dall' 835, posto una colonia nelle isole Eolie, dopo aver dato al sacco la città di
Lipari, situata nella principale isola di quell' arcipelago (1).

Prima di trapassar oltre, ci è forza ricordare ai lettori
qual fosse lo stato della bassa Italia in que' tempi.

A' giorni in cui Carlomagno morì (28 gennaio 814), il
suo alto ed immediato dominio si stendeva sopra tutta
quanta l'Italia, meno la Sicilia ed alcune città della Calabria che obbedivano all' imperator greco, il quale pure
conservava le sue ragioni sopra Napoli, Gaeta ed Amalfi.
Il potente ducato longobardo di Benevento s'era fatto tri-
butario di Carlomagno. Questi aveva deputato a governare
l'Italia, col titolo di re, prima Pippino suo figliuolo, poi
Bernardo suo nipote. Questa condizione di cose non s'im-
mutò sostanzialmente gran fatto sotto i suoi successori, a
malgrado delle scandalose guerre de' figliuoli contro il padre, e de' fratelli contro i fratelli che formano la principale
orditura della storia de' Carolingi. Anzi ne' settantaqua-
tro anni (dall' 814 all' 888) che la famiglia di Carlomagno
conservò la vasta monarchia da lui fondata, l'Italia fu alquanto meno infelice degli altri regni sottoposti a' Caro-

---

(1) *Annali musulmani.*

lini, perchè governata per ventisei anni (dall' 849 all' 875) da Lodovico II, principe virtuoso, nè sfornito di senno, nè senza valore nell' armi. — Il principale rivolgimento di Stato fu nel ducato di Benevento, che comprendeva la maggior parte del presente regno di Napoli, e che venne a dividersi in tre diverse signorie, cioè ne' principati di Benevento, di Salerno e di Capua. Ciò seguì verso l' 841, e v' ebbe allora nel regno di Napoli un singolare viluppo di signorie; ch' erano que' tre principati dipendenti dall' impero occidentale; Napoli, Gaeta ed Amalfi dipendenti dall' impero orientale, ma specie di repubbliche con duchi proprii, e non sempre; poi i dominj greci nella Calabria.

Le emulazioni, le discordie, le gare tra tante signorie opposte tra loro, furono la buona ventura de' Saracini; i quali, chiamati or da una parte or dall' altra in soccorso, mai non lasciarono fuggire la propizia occasione, e si radicarono di tal guisa in Calabria, in Puglia, in Campania, con infinito danno e lamento de' popoli da loro predati, e spesso con rovina de' signori che ne aveano chiesto e pagato il soccorso. Accorrendo in sussidio di tutti, essi rapivano le spoglie di tutti.

Facile fu per essi in que' trambusti il passare e l' afforzarsi in Calabria, padroni com' erano de' lidi siciliani, separati da quella per sì breve tratto di mare. Taranto fu il primo luogo ov' essi sbarcarono. Cacciatine i Greci, posero in ispavento e terrore quella regione (1). Il modo poi con che si piantarono nella Puglia per le discordie de' principi cristiani, l' anno 843, fu il seguente.

---

(1) *Giannone, ivi.*

„Radelgiso, duca di Benevento, veggendo prosperare gli affari dell'emulo Siconolfo, principe di Salerno, si appigliò al disperato consiglio di chiamare in ajuto i Saraceni postati nella Calabria, ed ordinò a Pandone governatore di Bari di dar quartiere a quegli infedeli fuori della città dalla parte del mare. Ma i Saraceni astuti spiarono tanto le fortificazioni della città che trovarono modo una notte di arrampicarsi, e di entrar dentro senza resistenza. Messa a fil di spada una parte del popolo, e fatta schiava l'altra, ed affogato Pandone, si fortificarono in Bari, e presero Taranto ed altre città, cui diedero il sacco. Radelgiso, che si era unito col lor emiro, marciò contro Siconolfo e contro i Salernitani, a cui recò infiniti danni. Intanto il duca di Benevento era costretto a spogliare la cattedrale di questa città per pagare i Saracini di Bari; ed il principe di Salerno faceva lo stesso per assoldare i Saracini di Taranto, anzi non potendo con essi prevalere, ne chiamava altre brigate dalla Spagna e dall'isola di Candia. Con questo rinforzo egli vinse una battaglia contro Radelgiso nel luogo appellato le Forche Caudine, così celebre nella romana istoria. Ma quantunque fosse vittorioso ed avesse occupato tutte le città del duca suo rivale, tranne Benevento e Siponto, pure non avendo con che pagare i Saraceni, sotto nome di prestito spogliò di quasi tutto l'insigne suo tesoro il monastero di monte Casino (1). —

„ Non si videro, scrive il Giannone, in queste nostre contrade stragi più crudeli e più spaventevoli, che quelle che furon fatte a questi tempi da' Saracini, così dell'una come dell'altra parte. Capua fu da' medesimi ridotta in

_____

(1) *Muratori, Annali.*

cenere, molte città arse e distrutte, e que' che risiede-
vano in Bari, avendo occupato Taranto, devastarono la
Calabria e la Puglia, e giunsero fino a Salerno ed a Benevento. Tutto era pieno di stragi e di morti, e scorrevano i Saracini come raccolto diluvio, inondando i nostri
ameni campi " (1).

Posto il nido nella Calabria e nella Puglia, giovava ai
Saracìni il piantarsi fermamente anche sui lidi della Campania. E ciò fecero due anni dopo (845). Perchè venuti
con poderosa armata ad assaltare l' isola di Ponza, furono
bensì sconfitti da Sergio, duca di Napoli, il quale alle sue
forze avea collegate quelle di Amalfi, di Gaeta e di Sor-
rento; ma essi, raunato più formidabile stuolo a Palermo,
ritornarono più feroci per lavar l'onta della disfatta, e s' im-
possessarono del castello di Miseno, posto sulle falde bo-
reali del promontorio dello stesso nome che si stende tra
Napoli e Pozzuoli. Si fortificarono gli Arabi, dice il Pignotti, sul delizioso Miseno, convertendo la tomba di
San Severino in un asilo de' settatori di Maometto. Da
quel valido ricovero essi presero ad infestare tutti i littorali vicini, ricevendo sempre nuovi rinforzi dall' Affrica
o dalla Sicilia. Ed a tanto giunse il loro potere ed ardire
che l' anno seguente (846) con gagliardo armamento di
navi entrarono nel Tevere, e giunsero fin sotto le mura
di Roma. « Ma trovandola ben fortificata, sfogarono
la lor crudeltà nei dintorni; posero a sacco le basiliche
di san Pietro e di san Paolo che eran fuori del recinto
della città; diedero alle fiamme la città di Fondi, e
trucidaron parte di quel popolo e condussero il resto in

---

(1) *Giannone, c. s.*

servitù; arrivarono fin presso al Garigliano in vicinanza di Monte Casino, e solo furon ritenuti dalle pioggie, che ingrossando quel fiume, loro impedirono di passarlo e di avvicinarsi al monastero. Postisi a campo sotto Gaeta, la avrebbero presa se non fosse giunta nel suo porto la flotta di Cesario figliuolo di Sergio, duca di Napoli, a cui si erano uniti anche gli Amalfitani; e se una furiosa tempesta non avesse posto in pericolo tutto il naviglio dei Saraceni. Pregarono allora Cesario di permettere alle loro navi di approdare al lido, con promessa di andarsene via subito che si fosse rasserenato il cielo. Conchiuso il trattato, mantennero la parola, e venuto il sereno s'imbarcarono, ma furono sorpresi da un'altra tempesta per cui la loro flotta pressochè tutta perì. Questa novella si sparse in Roma nel tempo in cui Leone IV era stato sostituito a Sergio (847). Il nuovo pontefice determinò di fabbricare intorno alla basilica Vaticana una città colle sue mura, porte e fortificazioni, e questa fabbrica grandiosa fu compiuta nello spazio di quattro anni.

» I Saraceni continuavano ad infestare il littorale del Mediterraneo, e presa Luni, città della Toscana, le diedero il sacco e la desolarono talmente, che non risorse mai più (849). Tutta la spiaggia del mare, dal fiume Magra alla Provenza, fu devastata da questi barbari, che si rivolsero di nuovo a Roma, scopo dei loro desiderj. Ma l'indefesso papa Leone aveva risarcite le mura, le torri, e le porte della città, aveva alzato due torri a Porto sulle rive del Tevere con catene di ferro che si estendevano dall'una all'altra sponda per impedire alle navi di salire su per quel fiume. Accorsero anche in ajuto colle loro navi i Napoletani, gli Amalfitani e que' di Gaeta, e quando comparvero i Mori o Saraceni, alla spiaggia d'Ostia, attaccarono coraggiosamente la battaglia. Ma un vento furioso dispensò i Cristiani dal fare ulteriori sforzi, poichè divise i combattenti, e disperse le navi affricane, che ruppero in varie isole. Molti Saraceni furono presi ed uccisi, molti condotti a Roma schiavi » (1).

In Leone IV, natio di Roma, viveva il coraggio de' tempi repubblicani di quella città, abbandonata allora sì dagli imperatori greci che dall'imperatore de' Franchi. In mezzo alle rovine della patria, scrive il Gibbon, egli teneasi ritto in piedi come una di quelle maestose e ferme colonne che si vedono sollevare il capo sopra gli avanzi del Foro. Nel difendere Roma da egregio capitano, papa Leone mostrossi degno di comandarvi da re. Vinti poscia i nemici del nome cristiano, adoperò egli i prigionieri ad innalzare le nuove mura intorno al Vaticano, onde poi dal suo nome quel borgo fu detto la *Città Leonina*. Nei quattro anni che durò quest'opera, fu veduto, a tutte le ore e in tutte le stagioni, l'instancabile Pontefice soprantendere in persona ai lavori. Poscia il Papa ed il clero girarono a piedi scalzi, sotto il sacco e la cenere, intorno al recinto segnato alla nuova città; salmi, litanie ed inni devoti furono i canti di trionfo; si aspersero di acqua benedetta le mura, si recitarono orazioni a ciascuna delle tre porte, e sul finir della cerimonia Leone pregò gli Apostoli e l'esercito degli Angeli, a mantenere l'antica e la nuova Roma sempre pura, felice ed inespugnabile (2). Padre comune de' Cristiani, egli accoglieva in Porto i Corsi, fuggiti dalla scimitarra dei

---

(1) *Muratori, Annali.*
(2) *Anastasio Bibliotec. Vita di Leone IV.* — *Gibbon,* c   . — *Fleury, Stor. Eccl.* —

Saracini, ed incitava Lodovico II re d' Italia a far guerra ad essi infedeli. Questo santo e magnanimo Pontefice morì nell' 855, l'anno stesso in cui pure morì l'imperatore Lotario, e in cui Muhammed salì al trono degli Aglabiti in Affrica, stendendo il suo dominio anche su quelli della Sicilia e dell' odierno regno di Napoli (1).

---

(1) Il presente regno di Napoli comprende tutta la bassa Italia, ed è tutto circondato dal mare, tranne ove confina cogli Stati romani. Chiamasi con tal nome, perchè Napoli n' è la capitale. Ne' cinquecentisti trovasi spesso indicato col solo titolo di Regno, perchè era l'unico regno in Italia. Esso forma la maggior parte del regno delle Due Sicilie, ed in quest' appellazione vien distinto col nome di Dominii di qua dal Faro, mentre per Dominii di là dal Faro s' intendono la Sicilia e varie isolette. L' origine del nome di Due Sicilie, dato a quella parte dell' Italia, è molto curiosa, e noi qui la riferiamo perchè s'attiene alla storia degli Arabi nelle nostre contrade. —

» Mentre il greco impero era invaso ed in gran parte occupato dagli Arabi, l'orgoglio de' despoti di Bisanzio non mai divenne minore; continuando essi a chiamarsi augusti ed invincibili, non vollero lasciare scorgere che i loro dominii scemati fossero. Già da alcuni secoli il nome di *teme* era stato surrogato a quello di provincia. In origine vi erano 17 provincie in Asia e 12 in Europa. L' Italia e la Sicilia formavano due teme o governi militari; ed allorquando l' intera isola di Sicilia fu occupata nel IX secolo dai Musulmani, non si volle a Costantinopoli diminuire il numero dei governi; la bassa Italia, benchè a pezzi divisa tra i Greci, i Longobardi, gli Arabi ed alcune repubbliche, fu distribuita in due separati governi, e l' estrema parte dello stivale o Calabria fu chiamata teme di Sicilia. Allorchè poi questa parte conquistata venne dai Normanni, continuarono essi pure a chiamarla Sicilia, e quando poi s' impadronirono della vera Sicilia, essi si intitolarono duci e poi re delle Due Sicilie. »

Rampoldi, Corografia.

Lodovico II, sì prima come re d' Italia, sì dappoi come imperatore, lottò con onorevole perseveranza, se non sempre con felice successo, contro de' Saracini, i quali, al dir del Giannone, avrebbero ridotte stabilmente sotto il loro dominio tutte le provincie del regno di Napoli, s' egli non le avesse sì spesso soccorse. La più gloriosa sua impresa fu la liberazione della Puglia e l'espugnazione di Bari (871) con grandissima strage de' Mori che difendevano quella città, fortissimo loro ricovero.

Il qual fatto merita un qualche particolareggiamento come quello che ci esibisce le tre più poderose nazioni di quell' età, i Franchi, i Greci e i Saracini, combattenti fra loro sulle terre dell' Italia, già sin d' allora indestinata « a servir sempre o vincitrice o vinta ».

Una colonia di Musulmani erasi, già da tempo, stanziata ed affortificata in Bari. Questa città che signoreggia l' ingresso del golfo Adriatico, era divenuta la capitale delle loro conquiste in Puglia e in Calabria. L' imperador Lodovico, bramoso di snidarli da quel forte ricetto delle loro rapine, mosse l' esercito per assediar Bari nell' 867; ma fu sconfitto in campale battaglia dal Sultano di quegl' Infedeli (1). Non cadde perciò d' animo l' ottimo Augusto, ma, raunate nuove forze, riprese a tempestarli « senza risparmiar fatica, nè caldo, nè gielo »(2). Laonde nell' 868 riuscì a stringere Bari d' un largo assedio, guastando tutti i lor seminati, e riducendo anche in un mucchio di pietre Matera, città ch' essi aveano fortificata. Ma i Saracini, padroni del mare, venivano del continuo

---

(1) *Leo Ostiens. Chron.*
(2) Parole di Papa Adriano II a Lodovico re di Germania. *Labbe, Concilior.*

riforniti di gente e di munizioni dalla Sicilia, dall'Africa
ed anche dalla Spagna. Laonde, ritirandosi da quell'assedio nel verno, fu l'esercito imperiale assalito nel re-
troguardo, e travagliato colla perdita di due mila cavalli
dai Saracini, i quali trascorsero a saccheggiare la chiesa
di san Michele nel monte Gargano, ove fecero prigioni
tutti que' cherici e molti altri iti colà per lor divozione.
Un avvenimento sì infelice turbò non poco l'imperadore,
il papa e i Romani " (1).

Frattanto Basilio il Macedone, imperatore de' Greci,
al quale premeva di ricovrare i suoi dominj di Calabria
occupati dai Saracini, aveva offerto all'imperatore dei
Franchi un potente soccorso navale. Fatta lega tra questi due Augusti a danno degli Arabi, più di dugento
navi mandò il signore di Costantinopoli in ajuto dell'e-
sercito de' Franchi. Questa unione di forze navali e terrestri, e soprattutto l'invincibile costanza di Lodovico,
riportò finalmente il trionfo (2). I tre più possenti Emiri
de' Saracini in quelle contrade, furono da lui debellati.
Il quarto che comandava in Bari, non valse a salvarla
dalla fame e dall'assalto. Stretto dalla fanteria de' Franchi, dalla cavalleria e dalle galee de' Greci, dopo d'essersi difeso per ben quattro anni, egli scampò la vita
con arrendersi ad Adelgiso principe di Benevento, al
quale serbava intatta una figlia, datagli già per ostaggio.

---

(1) *Muratori, Annali.*
(2) Narrano tra le altre cose gli Annali Metensi che
l'esercito inviato già prima da Lottario re della Lorena,
in ajuto di Lodovico, suo fratello, contro i Saracini, perì
quasi tutto pel soverchio caldo del clima, e pei morsi
delle tarantole, senza che la perseveranza dell'Imperatore
ne venisse meno.

Ma la città fu presa per forza, e tutti i Saracini, in essa trovati, vennero passati a fil di spada (1).

» Bari è caduta. Lo spavento si è impadronito di Taranto; la Calabria sarà liberata; e noi, signori del mare, saremo in grado di svellere la Sicilia dalle mani degli Infedeli ». — Così l' imperatore de' Franchi scriveva allo imperatore de' Greci. Ma la gelosia e l' orgoglio turbarono in breve la loro concordia, e fecero risolversi in fumo le divisate loro conquiste che doveano sradicare i Maomettani, non solo dalla terra ferma d' Italia, ma anche dalle sue isole (2).

L' imperatore Lodovico II morì ai 12 agosto 875, senza lasciar prole maschile. « Da questo mancar di successori abili all' impero ebbe principio la rovina d' Italia, poichè non ebbe più sovrano che la abitasse, e tenesse in freno l' ambizione dei principi e dei duchi, onde fu data in preda alla discordia di questi rivali (3). »

Se ne avvantaggiarono i Saraceni. Il nuovo imperatore e re d' Italia, Carlo il Calvo, non curavasi, come il suo antecessore, di tener testa a questi fieri nemici; i quali, ingrossatisi nella Calabria con gagliardi rinforzi venuti

---

(1) *Anonimo Salernitano, Paralipomeni.* — *Andrea Prete, Cronica.* — Baronio, *Annali Ecclesiastici.*

(2) Mostravasi offeso l' orgoglio greco dal titolo d' imperator de' Romani che prendea Lodovico II, titolo che Basilio pretendeva dovuto a sè solo. Schernivano poi i Greci l' intemperanza de' Franchi, e si millantavano degli onori del trionfo, mentre i Franchi asserivano che i Greci aveano abbandonato il campo di battaglia prima di combattere, per andare a spogliare i Cristiani della Dalmazia ch' erano sudditi dell' impero occidentale. *Vedi la lettera di Lodovico II a Basilio, negli Annali del Baronio.*

(3) *Muratori, ivi.*

loro dall' Affrica, ripresero a desolare impunemente il ducato di Benevento, ed a minacciare colle lor navi persino la città degli Apostoli. Laonde papa Giovanni VIII scriveva nell' 876 a questo imperatore: « I pagani, e certi iniqui cristiani senza timor di Dio, ci opprimono di tanti mali che la memoria degli uomini nulla vi trova di paragonabile. Dentro alle mura della città santa si è ricoverato l' avanzo del popolo. Questi infelici vi lottano contro una povertà che non si può ridir con parole, intanto che fuori del recinto di Roma ogni luogo è devastato e ridotto a solitudine. Più non ci rimane che una sciagura a temere, e la tolga Iddio. Essa è la presa e la rovina di Roma istessa. » E nell' 877: « La campagna è interamente rovinata da questi nemici di Dio. Passano essi alla sfuggita il fiume che viene da Tivoli a Roma, e saccheggiano la Sabina e i luoghi vicini. Hanno distrutto le chiese e gli altari, menati via schiavi, e uccisi con diversi generi di morte i sacerdoti e le religiose, e fatto perire tutto il popolo all' intorno. »

Alcuni anni dopo, nell'882, i Saracini si annidarono alla foce del Garigliano, e fortificarono questo loro nuovo e stabile soggiorno, servendosi a tal uopo delle pietre che trassero dalle rovine della vicina Minturno. Da quella ben munita loro stanza e' si stesero ad insultare tutte le coste della Campania, trascorrendo alla foce del Tevere, e da questa alle porte dell' antica capitale del mondo. Capua, Benevento, Salerno e Napoli provarono i tristi effetti di quella dimora de' Saracini al Garigliano ove si fermarono per lo spazio di circa quarant' anni (1).

---

(1) « Docibile, duca di Gaeta, fatto accordo co' Saracini

Tuttavia la maggior lor forza proveniva dalle discordie
che regnavano tra principi e popoli italiani e dalla poca
fede de' Greci a' quali non s'osava ricorrere per timore
di peggíor danno: come era avvenuto al popolo di Bari
nell' 876. Il quale, chiamato in suo ajuto contro i Mori
Onorato Gregorio, generale de' Greci, questi venne con
forte schiera ad occupar la città, poi ghermitine il governatore e i principali cittadini, li mandò prigionieri a Costantinopoli. Onde nell' anno stesso noi troviamo che quei
di Salerno, di Napoli, di Gaeta, di Amalfi, stretta pace
co' Saracini, anzi unitisi con essi, avean cominciato colle
lor navi ad infestare la riviera romana. Nè questa colle-
ganza de' popoli e principi italiani co' Saracini a quel
tempo dee muoverci a maraviglia, poichè vediamo Àtana-
sio II vescovo e duca di Napoli, a malgrado dell' ecclesiastica sua dignità, essere uno de' più fidi loro confederati (1).

Egli, « nella stessa settimana santa di quaresima, cre-

contro de' quali infelicemente combatteva, assegnò loro
per abitazione quel sito presso la foce del Garigliano. »
Muratori, Annali.
Altri raccontano diversamente il fatto, ed anticipano di
molto la data.

(1) « Atanasio, per salvare il proprio Ducato, posposto
ogni rispetto, ancorchè fosse in dignità vescovile, non ebbe
alcun ritegno di rinnovar la lega co' Saraceni, loro appa-
recchiò quartieri presso a Napoli, e gli unì co' Napoletani;
mandando in iscompiglio i Beneventani, i Capuani ed i
Salernitani, iscorrendo sino a' confini di Roma, ove non
vi era cosa indegna che non si tentasse, tutto depredando.
Il Papa, ciò vedendo, fulminò contro Atanasio i suoi ana-
temi terribili, nell' anno 881 lo scomunicò, lo maledisse.»
Giannone, c. s.

dendo di poter sorprendere Capua mentre il popolo era
alle divozioni, spedì colà un esercito composto di Greci,
di Mori e di Napoletani, che diedero la scalata alla città,
ma ne furono bravamente respinti » (1).—Questo solo fatto
è più che sufficiente a dipignere la disordinata e misera
condizione di quell' età.

» Così, scrive il Giannone, per l' ambizione e per le
gare de' nostri principi, non videro queste provincie, che
ora compongono il regno, tempi più calamitosi di questi,
ne' quali erano combattute insieme e lacerate non meno
da' propri principi, che da straniere nazioni. Pugnavano
insieme i Beneventani, i Capuani, i Salernitani, i Napoletani, gli Amalfitani ed i Greci; e quando questi, stanchi de' propri mali cessavano, eran sempre pronti ed
apparecchiati i Saraceni, i quali sparsi da per tutto, ed
avendosi in più luoghi del regno stabiliti ben forti e sicuri presidj, nel Garigliano, in Taranto, in Bari, e finalmente nel Monte Gargano, afflissero così miseramente
queste provincie, che non vi fu luogo ove non portassero
guerre, saccheggiamenti, calamità e morti.»

I monisterj, ricovero allora delle ricchezze, adescavano
l' avarizia de' Saracini, nel tempo stesso che il religioso
lor fanatismo gli eccitava a fierezza. Laonde nell' 881 essi
presero e diedero alle fiamme l' insigne monastero di san
Vincenzo di Volturno, i cui monaci, avendo con santo
coraggio aspettato di piè fermo questi nemici del nome
cristiano, tutti furono miseramente scannati. Le mura ed
il pavimento della chiesa restarono per lungo tratto tinti
del loro sangue. Mentre i soldati saracini gozzovigliavano

_____

(1) *Muratori all' anno* 885.

co' cibi trovati nel monistero, Sangdano, loro capo, bevea ne' calici benedetti, e si facea dar l'incenso col turibolo d'oro. Rimase poi per trentatre anni derelitto e trasformato in covile di fiere quel sacro asilo. E nell' 883, occupato il celebre monistero di Monte Casino, lo misero a fuoco, a ruba ed a sangue, e Bertario, abbate di quel sacro luogo, trucidarono all' altare di san Martino. Anche il monistero di Casauria, fiorentissimo a quel tempo, e ricco di castella e di poderi, fu da loro saccheggiato e distrutto (1).

» Cosa vergognosa, scrive il Muratori all'anno 908, era che i Saraceni si fossero annidati presso al Garigliano in sito tutto circondato dagli Stati di principi cristiani, e pur continuassero a quivi abitar con tanta pace e senza che alcun li turbasse, anzi con turbar eglino e desolare tutto il vicinato. Abbiamo nulladimeno da Leone Ostiense che Atenolfo principe di Benevento e di Capoa, uomo di gran senno, presso a poco circa questi tempi volle tentare, se si fosse potuto snidar di colà quella razza d'iniqui masnadieri. Fatta pertanto lega con Gregorio duca di Napoli e con gli Amalfitani, popoli allora indipendenti da Napoli, e che si eleggevano anch'essi il loro duca, e contribuendo tutti la lor quota di gente, unì un buon esercito e marciò contra d'essi Mori. Formato un ponte di navi vicino al Traghetto sopra il fiume Garigliano, e venuto di qua, cominciò la guerra. Ma una notte, mentre i suoi facevano poco buona guardia, uscirono dai loro trincieramenti i Saraceni, e assistiti dai perfidi cittadini di Gaeta, diedero addosso al corpo avanzato de' collegati con ucciderne

(1) *Cronica Volturnese.* — *Erchemperto, Istor.* — *Fleury, Storia Eccles.*

molti, e inseguir gli altri fino al ponte. Quivi fecero testa i Cristiani con tal vigore, che obbligarono il nemico a retrocedere in fretta verso i suoi alloggiamenti. Di più non ne dice Leone Ostiense: segno che dovette sfumare in nulla questo sforzo d'Atenolfo. Ma ancor di qui si conosce che i guai recati dagli Affricani per tanti anni a quelle contrade d'Italia, in buona parte son da attribuire alla poca armonia, anzi discordia di que' popoli e principi cristiani, e, quel ch'è peggio, alla malvagità d'alcuni, perchè mai non mancò fra essi chi proteggesse ed anche ajutasse quegli assassini, per profittar del guadagno che essi faceano colla rovina degl'infelici ed innocenti popoli (1). »

Stabiliti al Garigliano, i Saraceni ricevevano continui rinforzi dalla parte del Mediterraneo; i Napoletani erano loro amici; que' di Gaeta loro confederati. Sbucando tratto tratto da quel forte lor nido, essi facevano funestissime scorrerie nella Campania e nel ducato romano, desolando le chiese e le famiglie degl'infelici Cristiani (2).

Finalmente un generoso pontefice, Giovanni X, venne a capo di svellere quella peste dal suo più infesto ricovero. Pei conforti di questo sommo pastore si ordì una lega in cui entrarono Landolfo ed Atenolfo principi di Benevento e di Capoa, Gregorio duca di Napoli, Giovanni duca di Gaeta, Guaimaco, principe di Salerno, l'imperatore di Costantinopoli, l'imperatore italiano Berengario, ed Alberico, marchese di Camerino e forse anche duca di Spoleti (3). Al che s'aggiunse un buon nerbo

(1) *Annali d'Italia.*
(2) *Muratori all'anno 915.*
(3) Spenta la dinastia de' Carlovingi, era stato eletto re d'Italia l'italiano Berengario. Giovanni X gli esibì e

di Pugliesi e di Calabresi, ch' erano allora ritornati in
gran parte sotto la dominazione de' Greci (1). Il Papa,
capo e promotore di questa lega veramente cristiana, si
portò in persona ad assistere alla guerra, per inanimire
i combattenti. Ciò avvenne nel 916. Sembra che un' armata navale de' Greci chiudesse a' Saracini la via del
mare, e troncasse loro i soccorsi dall'Affrica e dalla Sicilia.
Ma più probabilmente le discordie tra i Saracini d'Affrica
e que' di Sicilia, divampate in quell' anno, impedirono
a costoro di recar soccorso ai loro connazionali stanziati
al Garigliano.

Il fiorito esercito della lega italiana si divise in due
corpi, e da due bande strinse i Saraceni. Questi, per tre
mesi sostennero, in mezzo ad estremi disagi, l' assedio.
Ma finalmente, essendo loro mancata ogni sorta di vet-
tovaglia, portati dalla disperazione, misero fuoco alla
loro fortezza, ed incendiarono tutto ciò ch' essi avevano;
non perdonando nemmeno ai tesori, frutti delle lunghe
lor prede, che ivi avean congregati. Poi si diedero, tutti
stretti insieme, a fuggire con maraviglioso impeto per le
selve, ed a ricoverarsi in sulle cime de' monti. Ma inseguiti con instancabil diligenza da' Cristiani, ne venne
fatta strage infinita. Niuno rimase di loro che non fosse
o ucciso, o preso vivo, o fatto schiavo (2).

Incredibile fu la gioja che si sparse in Roma ed in tutta
l' inferiore Italia per questa gloriosa impresa, la quale li-
berava quelle contrade dal tremendo flagello de' Mori.

---

gli diede la corona imperiale, esortandolo a liberare l'Italia da' Saracini.

(1) *Giannone, c. s.*
(2) *Liutprando, Istorie. — Leone Ostiense, Cron. —
Baronio, Ann. Eccl. — Sigonio, Giannone, Muratori.*

Continuarono essi non pertanto, venendo dalla Sicilia e dall'Affrica, a fare discese e scorrerie e rapine, ed anche a tenere stabil soggiorno nella Campania, nella Puglia e nella Calabria. La forte rocca ch'e' si fabbri carono sul monte Gargano in Puglia, lor dava abilità a di sertare questa provincia, anzi trascorsi fino a Benevento, lo posero a memorabile sacco. Ed, in breve, le ruine e le devastazioni recate da' Mori nelle provincie che or formano il regno di Napoli, non cessarono sino a che il valor de' Normanni non gli ebbe scacciati e da que' luo ghi, e dalla Sicilia, oltre ad un secolo appresso. Ma noi abbiamo già dovuto passare in silenzio tanti gravi avve nimenti per non varcare i limiti di un compendio, che qui ci ristrigneremo a recare uno de' più splendidi lor fatti, cioè la campale vittoria ch'essi Mori riportaro no nel 982 sopra l'esercito dell'imperatore germanico Ottone II.

» Gl'imperatori greci Basilio e Costantino, conosciuto il divisamento di Ottone di voler assalire i loro Stati di Puglia e di Calabria, non avendo potuto per mezzo di ambasciatori distornarlo da siffatta impresa, invocarono l'aiuto dei Mori della Sicilia e dell'Affrica, che accorsero con poderosa flotta a sostenere gl'interessi dei Greci ed i loro proprii, poichè in quelle parti possedevano qualche città o fortezza. Ottone li affrontò presso Taranto con un esercito composto di Alemanni, di Bavari, di Beneven tani, Capuani, Salernitani ed altri popoli d'Italia, ed in sulle prime sbaragliò le schiere dei Saraceni; e ne fece strage. Ma mentre i suoi si sbandavano per raccogliere le spoglie del campo, comparvero di nuovo raccolti e schie rati quegli infedeli, che senza trovar resistenza misero a fil di spada tutti quei Cristiani in cui s'avvennero, e re-

starono padroni del campo. In questa battaglia perirono
molti principi, vescovi e conti, fra i quali Landolfo princi-
cipe di Capua e di Benevento; altri rimasero prigioni, e
dovettero riscattarsi con gran somma d'oro. Lo stesso Ottone II cercò uno scampo dalla parte del mare, e per sot-
trarsi a nemici barbari, quali erano i Saraceni, si diede in
mano dei Greci. Adocchiata una galea venuta a raccogliere
tributi nella Calabria, spinse il cavallo nell'acqua e fu
da un soldato che il riconobbe, introdotto in essa. Fattosi
conoscere segretamente al capitano della nave, lo pregò
che gli lasciasse spedire un messo all'imperatrice Teofa-
nia, che stava in Rossano, ed ottenutane la permissione
diede ad intendere, che ella manderebbe grande quantità
di denaro e di regali per riscattarlo. Ben informata la
principessa di quel che avesse ad operare, fece uscir da
Rossano una gran frotta di giumenti tutti carichi di some
credute piene d'oro. Alcune barche in cui stavano prodi
soldati, coperti sotto le spoglie di marinari, si accostarono
alla nave greca con Teoderico vescovo di Metz per con-
chiudere il negozio ed il cambio. Allorchè Ottone si vide
a fronte i suoi, fidandosi della sua destrezza nel nuotare,
spiccò un salto, e lanciossi nell'acqua. Uno dei Greci che
lo volle ritenere per la veste, fu ucciso da un tedesco, e
spaventò siffattamente gli altri, che l'imperatore nuotando
potè arrivar salvo al lido " (1). —

" L'instabilità delle umane cose, sclama il Gibbon, in
trista guisa apparisce dall'instituire un confronto tra la
condizione della Puglia e della Calabria nel decimo secolo dell'era cristiana, e tra quel che erano state queste

(1) *Muratori, Annali d'Italia.*

provincie ai tempi di Pitagora. Nella più remota di queste
due epoche, la costa della Magna Grecia (così nomavasi
allora la bassa Italia) abbondava di città libere, opu-
lente e piene di soldati, di artisti e filosofi, intanto che
le forze militari di Taranto, di Sibari, di Crotone, in
nulla cedeano a quelle di un poderosissimo regno. Nel
secolo di cui scriviamo la storia, le stesse provincie erano in preda all' ignoranza, tribolate dalla tirannide, spo-
polate dalla guerra co' Barbari; nè forse abbiam luogo
di apporre troppo severamente la taccia di avere esage-
rato ad un autore di quei tempi che le dipinse per vaste
e fertili regioni, devastate, come la Terra dopo il diluvio
universale lo fu ».

Ma già la Provvidenza avea deputato i Normanni a liberare l'Italia dai Saracini, e l'astro di costoro, mezzo secolo dopo la rotta data ad Ottone, era già impallidito.
« I Maomettani, scrive il Rampoldi all' anno 1059, perde-
vano sempre più terreno in Calabria: scacciati di posto in
posto dai principi Normanni che di giorno in giorno ren-
deansi più potenti, e per conseguenza maggiormente intra-
prendenti, appena poterono far qualche resistenza nei castelli ove eransi rinchiusi. Quegli Affricani, cotanto terribili
due secoli prima, caduti erano in uno stato di languore,
che gli esponeva agli stessi timori che per sì lungo tempo
inspirati aveano in tutta la meridionale Italia. L' entusia-
smo religioso gli avea resi soldati; ma le loro conquiste
aveano snervato il loro spirito militare; educati senza conoscere la loro patria, quantunque abitassero uno de' più
belli paesi del mondo, non destinarono le ricchezze acqui-
state colla propria spada, che a procurarsi ogni sorta di
comodi, e divennero quindi ben presto effeminati quanto

i Greci, contro i quali ottenute avevano le loro prime vittorie (1). »

È da notarsi che a' giorni in cui i Normanni principiarono a far conquiste nel presente regno di Napoli, i Greci aveano già da tempo occupato la Puglia e la Calabria, senza curarsi molto di cacciarne i Saracini, che vi tenevano parecchie rocche e castella. I prodi Normanni, sconfiggendo gli uni e gli altri, stabilirono l' ampia e ben regolata lor monarchia. Essi fondarono col valore e col senno il bel reame di Napoli e di Sicilia, chiamato delle due Sicilie. « I Normanni, scrive il Giannone, aveano quel medesimo lustro e grandezza, che nell' azioni de' Romani spesse fiate ammiravansi. Ed in fatti di poche altre nazioni si leggono tante conquiste, quante dei Normanni: essi posero sottosopra la Francia, e molte regioni di quella conquistarono. Guglielmo normanno, disceso dai medesimi duchi di Neustria, acquistossi il fioritissimo regno d' Inghilterra, e lo tramandò alla sua posterità. La nostra Puglia, la Calabria, la Sicilia, la famosa Gerusalemme e l' insigne Antiochia passaron tutte sotto la loro dominazione » (2).

Roberto Guiscardo fu il principe normanno che sottomise i Saracini di Puglia e Calabria, e prendendoli al suo soldo, n' accrebbe il suo esercito.

Cosa singolare a narrarsi! Questi Musulmani allo stipendio di Guiscardo, ebbero la gloria di liberare il papa

---

(1) *Annali musulmani.* — L'ultima vittoria de' Saracini sopra i Greci nell' Italia meridionale appartiene all' anno 1031, nel quale, presa la piccola città di Cassano in Calabria, sconfissero ed uccisero Poto, generale de' Greci.—

(2) *Giannone, c. s.*

(Gregorio VII), assediato dall'imperatore Enrico nella mole Adriana (1084). « Gli Alemanni tremanti abbandonarono Roma al primo apparir de' corridori pugliesi. Il papa era già libero e festeggiato in mezzo ai Maomettani tre giorni prima che arrivasse Guiscardo coll'esercito cristiano. Rincresce soltanto che il trionfo del principe normanno sia stato oscurato dalle calamità che la metropoli del cristianesimo provò per di lui colpa. Una parola sfuggita al conquistatore fu il segnale d'una sommossa, e la santa città divenne la vittima della sfrenata licenza dei proprii concittadini, dei Normanni e dei Maomettani. Un esteso rione di Roma dal Laterano al Colosseo fu consunto dalle fiamme, nè più si rialzarono quelle rovine, e rimane tuttavia disabitato » (1).

I Saracini di Sicilia, a' quali i re normanni concedettero facoltà di vivere nel culto maomettano, si mostrarono fedeli a questi principi, e difesero con ostinato valore l'ultimo di essi, Guglielmo III. Venuta al trono la casa di Svevia, sembra che fossero men bene trattati, segnatamente nella minor età di Federico II, e per ciò si ribellassero. Essi nel 1212 erano in possesso di fortissimi castelli ne' luoghi montuosi dell'isola, ed offerirono il loro ajuto all'imperatore Ottone che voleva togliere il regno a re Federico, il quale più tardi gli sconfisse e li trasportò in terra ferma. Il fatto vien così raccontato dal Sismondi. — « I Saracini, e per l'odio che portavano ai Cristiani, e perchè oppressi da insopportabili contribuzioni, eransi ribellati: tenevano essi le montagne del centro dell'isola, e sotto la condotta d'un

---

(1) *Annali musulmani.*

loro capitano, detto dai Latini Mirabet, saccheggiavano
la valle di Mazara. La vicinanza dell' Affrica facea sì che
potessero chiamare spesso in ajuto altri Saraceni, che,
usi ne' deserti di Barbaria a vivere di ladroneccio, s' af-
frettavano di venire nella Sicilia a dividerne le spoglie.
Federico gli attaccò vigorosamente; e dopo averli più
volte sconfitti (1223) offrì loro nuove terre nei suoi Stati
e campagne fertili, ma lontane dal mare, a patto che gli
rinnovassero il giuramento di fedeltà e servissero nelle
sue armate. Più migliaja di Saraceni accettarono l' offerta,
mentre altri ostinaronsi nella difesa delle loro montagne.
Federico trasportò i primi nella Puglia, ove diede loro
la città di Lucera colle belle campagne della Capitanata.
Si vuole che questa prima colonia potesse, al bisogno,
somministrargli venti mila soldati. Ventiquattro anni dopo
indusse gli altri Saraceni di Sicilia a stabilirsi ad eguali
condizioni in una ubertosa valle tra Napoli e Salerno,
ove occuparono la città di Nocera, che di poi conservò
sempre l' aggiunto di Nocera dei Pagani(1).»

Questi Saracini, trapiantati nel regno di Napoli, si
tennero fedelissimi a Federico II, poi a Manfredi, suo figlio illegittimo, che prese il trono delle due Sicilie dopo
la sua morte, e pel quale combatterono fieramente a
san Germano ove rimasero in gran parte trucidati dai
Francesi di Carlo d' Angiò. Essi finalmente ripigliarono
le arme in favore dell' infelice Corradino quando quest'ultimo rampollo della casa di Svevia venne di Germania
per rivendicare l' avito suo trono sopra Carlo, che lo
vinse e gli fe' mozzare il capo dal carnefice. L'Angioino,

(1) *Sismondi, Stor. delle Rep. Ital.*

dopo la vittoria « imprese l'assedio di Lucera, nido dei Saracini (1269), e tanto vi stette sotto, che quel popolo dopo essersi ridotto a pascersi d'erba, e dopo aver perduta gran gente, si diede a discrezione nelle mani d'esso re. Divise egli i sopravvivuti per varie provincie, affinchè non potessero più alzar la testa e raunarsi; e molti di essi abbracciarono, almeno in apparenza, la fede di Gesù Cristo. Furono diroccate le muraglie di quella città, e quanti Cristiani disertori ivi si trovarono, furono senza misericordia tutti messi a filo di spada » (1).

Il Rampoldi afferma che solo nel 1272 i Saracini furono del tutto scacciati dal regno di Napoli. Ma il Giannone ritarda questo intero discacciamento sino verso il 1303 nel regnare di Carlo II.

---

(1) *Muratori, Annali.*

CAPITOLO VI.

Gli Arabi in Sardegna, in Corsica ed in Malta.

Giace la Sardegna meridionale in faccia dell'Affrica, e dal golfo di Cagliari al golfo di Tunisi ossia dell'antica Cartagine è breve il tragitto. Gli Arabi che verso la metà del settimo secolo s'erano impadroniti dell'Affrica settentrionale, quinci presero a fare scorrerie nelle isole del Mediterraneo, e prosperi furono al più spesso i loro successi. Nel 709 e' si calarono in Sardegna, e vi piantarono un loro ricetto. Vi ritornarono nel 711, e la predarono miseramente, fortificandovisi ad Oristano, come prima avean fatto a Capo di Palma (1).

_____

(1) »Nel 709 Musa, figlio di Nassir, il supremo comandante de' Musulmani in Affrica, fece eseguire alcuni sbarchi nell'isola di Sardegna, detta dagli Arabi *Sardiniah*. Dopo essersi costoro fortificati in un posto vantaggioso sul promontorio di Palma, ritornarono in Affrica, non senza qualche bottino. «

»Nel 711, altri Maomettani sotto l'immediato comando di Musa ripassarono in Sardegna. Gli Arabi, che già da due anni si erano fortificati e mantenuti al capo di Palma, li ricevettero a braccia aperte, poichè erano in procinto di essere succumbenti ai reiterati assalti de' Cristiani. Il comandante musulmano s'impadronì quindi della parte

6

Il califfo Al Walid I morì nel 715, e al tempo della sua morte egli annoverava la Sardegna tra i suoi dominii che egli aveva estesi alle due estremità del mondo allor conosciuto (1).

---

meridionale, ed avendo fortificata Oristano, detta in quell'epoca *Ursellis*, vi lasciò una buona guarnigione, e col raccolto bottino ed i fattivi prigionieri ripassò a Khairwan in Affrica, senz'aver sofferta perdita di qualche considerazione. Al Novairi, nel raccontare questo fatto, dice che i Musulmani raccolsero dappertutto un grosso bottino, poichè uno dei loro marangoni o nuotatori trovò una grossa somma di danaro che era stata gettata in mare; e che un soldato tirando una freccia ad un picciòne che erasi posto sopra il fregio o cornice d'una chiesa, vi scoprì un gran tesoro colà nascosto. Quelle ricchezze, continua lo stesso storico, non furono tutte trasportate in Affrica; molti navigli pel grave peso perirono; per la qual cosa nuovamente si verificò il detto del Korano, parlando di Faraone e degli Egizii: *Al 'lah garakahen faiarefou akherhom*, cioè: « Iddio li fece perire nelle acque ». Gli elementi vendicarono quindi i Sardi de' loro nemici; vendetta che il romano imperadore non volle o non potè neppure intraprendere, poichè appunto in quest'anno venne egli balzato dal trono ed ucciso.»

Rampoldi, Annali musulm.

(1) » Questo kaliffo fu, senza contraddizione, il più possente fra gli Ommiadi; mentre nel non troppo lungo suo regno gli Arabi terminarono la conquista dell'Affrica settentrionale, si fecero padroni di quasi tutta la Spagna, delle isole Baleari e della Sardegna; occuparono le estesissime regioni di Mawara 'l nahr, ed i regni di Bokkara, di Samarkand e di Kashgar; sottoposero a tributo il Turkestan, il Khouarazm, e quella parte dell'Indostan che giace verso le sorgenti dell'Indo e del Gange, e resero rispettabile e temibile il loro nome persino fra i Sin o Cinesi; per conseguenza alla morte di questo monarca l'arabo impero si estendeva dalla Spagna sino alle frontiere della Cina. » *Ivi.*

Una prova dello stabile soggiorno e del dominio degli
Arabi in Sardegna verso il 722 ci viene presentata dalla
storia longobarda. Il Muratori la espone a questa foggia.
« Avevano i Saraceni occupata la Sardegna al romano imperio..... Mettevano a sacco tutto il paese, spogliavano e
sporcavano tutte le chiese de' Cristiani. In quell' isola era
stato trasportato il corpo del santo vescovo e dottore Ago-
stino. Però venuta la nuova a Pavia di queste calamità
del Cristianesimo, il piissimo re Liutprando inviò gente
colà con ordine di ricuperare a forza di regali da quegli
infedeli un sì prezioso deposito. Così fu fatto, e portate le
sacre ossa a Pavia, furono coll' onore dovuto a sì gran
santo collocate nella basilica di san Pietro *in Coelo aureo,*
dove tuttavia riposano » (1).

Non sembra per altro che i Saraceni possedessero la
Sardegna per tutto quel secolo. « E si può asserire, dice
il Manno, per vero, che questa o breve o prolungata signoria dei Mori non più aggravava le sorti dell'isola nello
incominciare del secolo IX; poichè le vittorie in tal tempo
riportate dai Sardi contro agli stessi Saraceni, i quali
tentavano di nuovo un' invasione, sono evidente argomento
che gl' invasori n' erano stati già snidati qualche tempo
innanzi. »

Le guerre civili tra la fazion Nera e la Bianca, ossia tra
gli Abassidi e gli Ommiadi, le quali tanto indebolirono la
potenza musulmana, e distrussero l' unità del califfato intorno alla metà del secolo ottavo, aveano probabilmente
contribuito anche a far perdere la Sardegna a' Saraceni(2).

_____

(1) *Annali d' Italia.*
(2) È da notarsi che nell' 801 il califfo Abasside d'O-
riente Aaroun al Raschid, vedendo il califfo Ommiade di

Tuttavia non cessavano essi di farvi discese e rapine, non meno che nella Corsica, la quale siede tra la Sardegna e il continente centrale dell'Italia. Negli ultimi anni di Carlomagno si fecero più frequenti queste predatorie incursioni, onde quel potente imperatore mandò più d'una volta a frenarle un'armata; ma non pertanto, ad onta delle vittorie navali riportate sui Mori da'suoi capitani, egli ebbe il dolore di vedere i Mori desolare le coste della stessa terra ferma d'Italia. I Sardi s'erano prodemente difesi.

Carlomagno morì in Acquisgrana a' 28 gennajo dell'814, e in quell'anno medesimo i Mori si stanziarono nella Corsica che da gran pezza non cessavano d'infestare. «I Musulmani di Spagna, scrive il Rampoldi, avendo allestita una grossa flotta, fecero con essa uno sbarco nell'isola di Corsica, e stanziarono nel seno o golfo da loro chiamato Al Jiaz, dal nome di Jiaz, figlio d'Abd Al 'lah al Khorthobi, che n'era il supremo comandante; da questo luogo, chiamato poi corrottamente Ajaccio, spinsero le loro scorrerie intorno a tutta l'isola; per la qual cosa in pochi anni se ne impadronirono interamente (1).»

Dalla Corsica e' si buttarono di nuovo sulla Sardegna, che poi recarono in loro balìa. Ma l'istoria del dominio de' Saraceni su queste due isole italiane è tutt'avvolta di

occidente in guerra con Carlomagno, mandò ambasciatori e regali a questo imperatore cristiano per sollecitarlo a continuare la guerra contro i Musulmani di Spagna. Quegli ambasciatori incontrarono Carlo Magno sulle rive della Dora Baltea tra Ivrea e Vercelli. *Rampoldi, ivi.*

(1) *Ivi.*

tenebre. Onde ci atterremo al trascrivere alcuni passi del
barone Manno nell' eccellente sua *Storia di Sardegna*.

» Declinava già alla vecchiaja (806-807) la vita di Carlo
magno, e fermato avéa egli fra i tre suoi figliuoli la divisione futura dei vasti suoi dominj, allorchè i Saraceni, i
quali tanto aveano travagliato varie provincie dell' occidente, tentarono di nuovo o d' impadronirsi della Sardegna od almeno di metterla a bottino. Tornò l' impresa in
loro danno, perchè i Sardi opponendo il petto agli invasori, con tanto ardore percossero quelle ciurme che le
costrinsero a fuggire malconce da quei lidi ed a lasciare
sul campo della battaglia tremila dei loro soldati. Brevi
sono le espressioni colle quali gli annali delle Gallie
danno cenno di tal vittoria dei Sardi; ma a coloro che
la storia conoscono delle incursioni saracene, non leggiera
ne apparirà la gloria. Anzi parrà a taluno che mancò solamente chi togliesse ad esaltarla, acciò salisse in maggior
rinomo il valore di quella difesa; poichè sarebbe stato
facile il mescolare alla narrazione i colori impiegati da
felicissimi ingegni per celebrare ed aggrandire le vicende
di tai tempi: e se una disfatta in Roncisvalle somministrò
sì alto tema ad illustrare le donne, i cavalieri, le armi e
gli amori di quell' età, la vittoria sarda avrebbe forse ar-
ricchito di qualche pagina non indegna quelle poetiche
rimembranze.

» Pochi anni erano corsi dopo quella incursione, ed i
Saraceni imprendevano già a vendicare l'onta riportatane,
dirizzando nuove scorrerie alla Sardegna ed alla Corsica.
La Corsica fu da essi devastata ed occupata quasi per in-
tiero. Della sorte della Sardegna taciono le storie; ed è
perciò conveniente il conghietturare che al pari del pre-
ceduto assalto siavi anche questo riescito infruttuoso: co-

me infruttuosa tornò la spedizione d'altro grosso navilio, poco dappoi inviato dai Mori dell'Affrica a tribolare le stesse isole; perchè traendo repentinamente un gagliardissimo vento, venne la flotta ad esser sì fortemente sbattuta in quel fortunale che cento navi saracene affondarono nelle nostre marine. Non perciò si calmava l'ardore delle novelle invasioni; giacchè nel tempo stesso i Mori della Spagna, mal comportando che Ermingardo conte d'Ampuria in Catalogna, postosi in agguato nell'isola di Majorca, li avesse spogliati della ricca preda da essi ammassata nella Corsica e di cinquecento schiavi·ivi tolti, vollero sfogare il loro furore correndo sopra altre spiagge. Desolarono allora i lidi di Civitavecchia nello stato romano e devastarono la città di Nizza in Provenza. Con pari impeto si cacciarono poscia sui littorali della Sardegna, ma con fortuna diversa; perciocchè gli isolani, già provati in arme con quelle masnade, non intermessa alcuna dilazione al combattere, scesero a fronteggiare l'esercito nemico con la confidenza delle antiche vittorie, e non molto penarono a sfolgorarlo, costringendolo a riparare dopo la sconfitta affrettatamente alle navi.

» La morte di Carlo magno somministrò nuovo incitamento alla baldanza dei Saraceni. La pace già stipulata con questo imperatore da Abulaz re di Cordova, riconoscevasi mal fida; e perciò nell'anno secondo dell'imperio di Lodovico pio, novellamente rompevasi contro ad essi la guerra. Prevedendo allora i Sardi che sulle loro terre verrebbe a rovesciarsi quest'altra tempesta, inviarono a Lodovico una solenne ambasceria, la quale, partitasi da Cagliari recando varj doni, fu presentata all'imperatore nella città di Paderborna in Germania.

» Taciono le memorie contemporanee sull'esito delle

altre incursioni che dopo quella novella rottura di guerra
dovettero i Saraceni tentare nella Sardegna.

" Checchè ne sia, le notizie scarsissime rimasteci degli
altri tentativi dei Saraceni contro alla Sardegna durante
l'imperio di Lodovico pio dimostrano che confitta era loro
nel capo la bramosía di occupare quell'isola, come in
tempo posteriore loro venne fatto. Gli stessi annali di
Francia ci dan conto che la nuova triegua trattata col re
Abulaz nè conveniva ai Saraceni, impazienti dell'armeg-
giare, nè ai Franchi, i quali ben sapevano esser la pace
nei loro nemici velame di novelli apprestamenti per la
guerra. Rotta dunque quest'altra volta, ricominciarono le
incursioni anche nella Sardegna, serbandosi il ricordo che
otto navi di negoziatori che salpavano dall'isola per passare in Italia, caddero preda in quel tempo dei pirati
saraceni (1).

" Le poche memorie che rimangono dei tempi seguenti
memorie sono di desolazione e di esterminio. Affine di
prevenire i mali che per le continuate scorrerie dei Mori
affliggevano tutte le popolazioni littorali del Mediterraneo,
invano Bonifacio conte di Lucca (828), cui era stata spe-

---

(1) Noi aggiungiamo questi ragguagli. « Nell' 820 Abderahman, figlio di Alhakem re di Cordova, passando per
Tarragona, armò quanti vascelli v'erano, e gli spedì a far
uno sbarco sulle coste della Sardegna. Era la seconda
spedizione di tal genere tentata dagli Arabi (di Spagna?).
La prima, anteriore di cinque o sei anni, era andata a
male: nella seconda, più fortunata, disfecero l'armata
de' Cristiani, e le tolsero anche otto vascelli, che condussero a Tarragona. Storia degli Arabi in Ispagna del
sig. De Marlés, compilata su quella tradotta dall'arabo
del sig. Conde.

cialmente commessa la tutela della Corsica, avea formato
una piccola flotta coll' assistenza del fratello suo Beretario
e mareggiato con quella per alcuni giorni intorno a quell'
isola ed alla Sardegna coll' animo di affrontare i nemici.
Invano erasi egli portato animosamente sulle coste stesse
dell' Affrica, ove con varj ben ordinati assalti era riuscito
a spargere il terrore del suo nome. I Saraceni, più teme-
rarj che mai, fermato il piede in Sicilia, occupata una
porzione della Calabria, a tanto giunsero alla fine da salire pel Tevere fin sotto le bastite di Roma, le quali protessero solamente la parte della città posta entro il recinto, rimanendo esposta al più feroce depredamento la basilica maggiore di san Pietro, la quale non era in quei
tempi contenuta nel circuito delle mura. Fu dopo tale
sciagura che a Leone pontefice, quarto di tal nome, mentre poneva ogni sua cura nel cingere di fortificazioni il
borgo transteverino e la basilica, giunse la novella d'avere
i Saraceni scelto per loro ricovero il luogo di Torar vicino
all' isola di Sardegna, donde novellamente minacciavano
(848-49) le spiagge romane. E fu lo stesso zelante pontefice quello che, dopo essere stato operatore acciò quella
incursione riescisse a vôto, con benevola e caritatevole
accoglienza (852) alleviò l' infortunio di molte migliaia di
fuggiaschi dalla Corsica, i quali paventando le armi saracene, ripararono a Roma implorando rifugio e commise-
razione. La qual cosa quantunque resti straniera pei Sardi
di quell' età, ai quali erronèamente vollero estendere i
nostri storici il rifugio accordato dai pontefici ai Corsi
nella villa disabitata di Porto; pure merita di esser qui
rammentata; poichè giova mirabilmente a dipingere il
terrore che l' infausto corso dello stendale maomettano
destava dappertutto nelle marine dell' Italia.

" Benchè adunque resti dubbia la serie delle vicende
che l'isola sopportò nelle successive incursioni dei Mori,
delle quali alto silenzio è nelle storie fino al tempo delle
invasioni di Museto nel principiare del secolo XI, può fer-
marsi per certo che nell' anno settimo del pontificato di
Nicolò (864) la Sardegna, non che essere soggiogata, non
era nè pure strettamente molestata da que' suoi nemici (1) ».

L'illustre scrittore qui citato, considerando questo silenzio negli storici intorno alle cose de' Saracini in Sardegna dall' anno 864 sino al tempo di Museto, sta contento
a riconoscere già stabilita la signoria di questo principe in
Sardegna ne' primi anni dell' undecimo secolo.

Evvi adunque una lacuna di quasi un secolo e mezzo,
e stendesi pur sulla Corsica; durante il qual periodo di
tempo possiamo bensì con ogni probabilità credere che i
Mori, potenti in Affrica ove gli Aglabiti avean regnato dall'
807 al 909 con molta grandezza, poi Obeid Al 'lah avea
fondato la dinastia de' Fatimiti; potenti in Ispagna ove
fioriva il lor regno; potenti in Sicilia ch' era venuta tutta
in lor mano, non meno che le isole Eolie e che Malta;
potenti finalmente anche nella terraferma d' Italia ove si
erano stanziati, a levante nella Calabria, nella Puglia e
nella Campania, e a ponente verso il Varo; dominassero
stabilmente anche la Sardegna e la Corsica; ma non possiamo con sicurezza asserire che ciò succedesse senza
interruzione. Ad ogni modo gli Annali Musulmani ci
mostrano i Mori padroni della Sardegna verso il 935-6;
e ci raccontano che il celebre califfo fatimite Al Moez
Ledini 'llah verso il 972 dimorò un anno nell' isola di

---

(1) *Barone Giuseppe Manno, Storia di Sardegna.*

Sardegna, senza mai dipartirsi dalla città di Kala al Raz, da noi detta Cagliari (1).

Trapasseremo ora all' istoria di Musetto, ed alle imprese de' Pisani e de' Genovesi contro de' Saracini, i quali finalmente cacciati vennero dalla Sardegna e dalla Corsica per gli uniti sforzi di queste due repubbliche marittime d' Italia.

» Verso il fine del decimo secolo una vita novella, un

---

(1) Nondimeno anche quest'ultimo fatto vien impugnato dal Reinaud. Quanto alla Corsica ecco ciò che ne scrivono gli Autori inglesi dell' *Istoria Universale*.

» I Saracini si stabilirono in Corsica l'anno 680, sotto il loro califfo Yezid I.º, e vi si mantennero per molto tempo.

» Carlo Martello, o forse Pipino, conquistò la Corsica sopra de' Saracini. Si mostra tuttora nella Pieve di Alesani una fontana che porta il nome di Carlo, in memoria, dicono, della vittoria che questo principe ottenne sul re Moro, ch' egli uccise di propria mano. I Saracini tornarono in Corsica. Carlomagno vi mandò Ademaro, suo parente, ch' egli avea fatto conte di Genova. Ademaro li cacciò dall' isola; ma ciò non durò molto. Essi vi si calarono di bel nuovo nell' 824. Avvenne allora che Ugo Colonna, di una potente famiglia di Roma, partì da questa città, accompagnato da molti nobili Romani, e da un buon nerbo di milizie, per irne a liberar la Corsica dal giogo dei Saracini. I Corsi lo secondarono, ed egli venne a capo di distruggere la potenza degl' Infedeli in quest' isola. Colonna rimase in Corsica, ed alcuni autori anzi affermano ch' egli ne fu re o conte..... Tuttavia quest' epoca della storia di Corsica è coperta d' impenetrabili tenebre. I Saracini vennero ancora una volta in Corsica condotti da Nugolone. Bianco Colonna, figliuolo d' Ugo, muove contra il re Moro, gli toglie la vita in battaglia, e costrigne Abdel suo figlio a ripassare in Affrica con gli avanzi del suo esercito. Questi, prima di rimbarcarsi, mette in fiamme le città di Nebbio, Mariena ed Aleria. »

generale movimento, un grande ardore per la libertà si sparse non solo in tutti gli Stati, ma in ogni più piccola città dell' Italia. Prime le città o repubbliche marittime cominciarono a reggersi a popolo e ad estendere le loro conquiste; e se Venezia dominò sulla costa orientale dell' Adriatico, Pisa e Genova signoreggiarono il mar Tirreno, e gittarono, nel secolo di cui parliamo, le fondamenta di quella possanza che tenne in bilico quella dei Veneziani, e diede per lungo tempo l' impero dei mari agl' Italiani.

»Le imprese dei Pisani non si ristrinsero fra gli angusti confini della Toscana; ma i Saraceni, la Spagna, l' Affrica e la Grecia appresero a rispettare in essi l' italico valore e l' energia di una nascente nazione. I Pisani, che trafficavano nella Calabria, ed avevano fondati alcuni emporj ne' suoi porti, videro i Saraceni devastar tratto tratto questa provincia e stabilirsi in alcune città. Ributtati da una siffatta tracotanza, tornarono alla loro patria, comunicarono il loro sdegno ai concittadini, ed allestita una numerosa flotta, spiegarono le vele verso la Calabria per far guerra ai Saraceni. Ma un re moro, chiamato Musetto dai Latini e dai Cronisti, e Musa dagli Arabi, il quale si era impadronito della Sardegna, informato di questa spedizione cavalleresca, tentò di sorprendere Pisa in quel momento, in cui era priva di difensori. Le sue galere col favor dell'ombra della notte penetrarono nella foce dell'Arno (1005), e rimontarono il fiume fin nel mezzo della città. Svegliati alcuni abitanti da grida orrende, e veggendo appiccate le fiamme alle loro case, fuggirono nelle vicine campagne, mentre una sola donna della famiglia dei Sismondi, appellata Cinzica, si precipitava verso il palazzo dei consoli, annunciava a que' magistrati il pericolo della patria, e facea suonare la campana a stormo. I cittadini accorsero alla difesa dei loro focolari; gl' Infedeli non aspettarono l' assalto di quelle intrepide milizie pronte a vincere od a morire, tornarono alle navi, e fuggirono tremanti dall' imboccatura dell'Arno. Un simulacro eretto nel sobborgo incendiato dai nemici, e bentosto ricostruito, che da essa ricevette il nome, servì ad eternare la memoria del valore di Cinzica.

» La flotta spedita sulle rive della Calabria aveva intanto riportati grandi vantaggi contro i Saraceni; gli avea costretti ad unirsi in Reggio per difendere questa città di cui si erano impadroniti; ed un' altra volta battuti nelle sue vicinanze prima di abbandonare i mari della Sicilia. Tornati ai lor focolari i Pisani arsero della più generosa brama di vendicare l' insulto che i Mori aveano fatto alla loro patria. Ma o fossero le interne discordie, od i soccorsi degli altri popoli italiani, che si aspettavano, e che tardavano a venire, certo è che essi dovettero differire la vendetta fino all' anno 1017.

» I Saraceni avevano fatto uno sbarco a Luni, città posta alla foce della Magra, e commesse non poche crudeltà. Il pontefice Benedetto VIII, unite alcune schiere e navi cristiane, gli avea vinti; ed impadronitosi perfino dell' acconciatura della moglie del re o del generale degli Infedeli, la quale era ricca d' oro e di gemme, l' aveva inviata in dono all' imperatore Enrico II. Sdegnato per ciò il re de' Mori Musetto, spedì, come si narra, al papa un sacco di castagne, volendo significare che nella ventura estate avrebbe spediti contro i Cristiani altrettanti soldati; ed il Pontefice, per non mostrarsi figliuolo della paura, gli avea risposto con un sacchetto di miglio. Ma per passare dalle parole e dai simboli ai fatti, Benedetto VIII

ùnì per mezzo del suo legato le armi delle due repubbliche di Genova e di Pisa contro il comune nemico.

» Genova, la superba Genova, costruita sopra aride
montagne, fra scogli non coperti da verzura di sorta, e
sulle sponde di un mare che i pesci sembrano fuggire,
non avea ricevuto dalla natura che un solo favore, cioè
un porto quanto sicuro altrettanto vasto. Da quegli sco-
scesi e sterili monti essa ritraeva il vantaggio di essere
separata dalla sede tanto del regno, quanto dell'impero;
e da quel mare era invitata ad arricchirsi col commercio,
come fece. Essa era rimasta in potere dei Greci lunga
pezza ancora dopo la prima invasione dei Longobardi; ed
anche dopo di essere da questi stata sottomessa, conservò
poca corrispondenza colla monarchia; e così isolata, fu
sorpresa e posta a sacco dai Saraceni nel 936. Ma alla fine
del decimo secolo avea già riparato a questo disastro; era
divenuta popolosa e ricca; aveva adottato un governo repubblicano; e si reggeva coi consoli, coi giudici supremi e
col Parlamento, ossia coll'assemblea generale del popolo.

» Le flotte di Pisa e di Genova spiegarono le vele verso
la Sardegna nel 1017; ed il re dei Mori vide con terrore
la flotta più possente che già da molti secoli avesse per-
corso il mar Tirreno avanzarsi verso le coste del suo regno. Non gli riuscì possibile l'impedire lo sbarco delle
truppe che essa trasportava; i Cristiani, che erano rimasti
nell'isola, si unirono ai Pisani ed ai Genovesi; ed i Saraceni assaliti da tutte le parti, sconfitti su tutti i punti, furon costretti ad abbandonare la loro conquista. La gioja
di un sì bel trionfo venne turbata dalle discordie dei vincitori. I Genovesi prima della guerra aveano pattuito di
ricevere tutto il bottino, e di lasciare ai Pisani il dominio
dell'isola. Ma quando s'accorsero che il valor della preda

era di molto inferiore a quello del regno che cedevano ai loro alleati, infransero le condizioni, e ricorsero alle armi per togliere qualche parte dell'isola ai Pisani. Ma sembra che il pericolo comune gli abbia rappacificati. Musetto non avea per nulla rinunciato alla speranza di rientrar nella Sardegna. All'apparir d'ogni primavera veniva con una nuova flotta ad insultar le guarnigioni dei Pisani, od a tentar di sorprenderle.

» Stanchi i Pisani di una guerra che già da diciotto anni durava, deliberarono di attaccare i Saraceni nel loro proprio paese. Appresentatisi con poderosa flotta alle rive dell'Affrica, minacciarono Cartagine, e presero Bona, o l'antica Ippona. Musetto fu obbligato a chiedere la pace, e ad osservarla per molti anni; ma nelle estreme giornate di sua vita, lungi dal riposare, chiese soccorso ai Mori della Spagna; spiegò le vele verso la Sardegna con una flotta possente; sorprese le guarnigioni pisane, e si impadronì di tutta l'isola, tranne Cagliari. Queste sciagure abbatterono il coraggio del popolo di Pisa, ma non quello dei nobili o dei feudatari, che credendosi i custodi dell'onor nazionale, somministrarono navi e soldati. La repubblica di Genova, il marchese Malespina di Lunigiana, il conte Bernardo Centilio di Mutica nella Spagna diedero soccorsi; ed i due ultimi vollero esser presenti alla guerra. L'ammiraglio della flotta alleata era Gualduccio, plebeo pisano di noto ingegno militare: egli fece sbarcare le truppe al cospetto dell'esercito nemico che assediava Cagliari (1050). Subito cominciò la pugna, e Musetto, benchè in età di ottant'anni, operò maraviglie di valore; ma i Mori, esposti nello stesso tempo agli attacchi dei Pisani, ai dardi lanciati dalla flotta ed alle sortite degli abitanti di Cagliari, si diedero alla fuga. Musetto, riportate due ferite, cadde da cavallo, e rimasto prigioniero fu condotto a Pisa, ove morì fra i ceppi; l'isola intera si sottomise all'esercito cristiano, e Gualduccio coll'autorità ottenuta dalla repubblica ne divise i distretti fra i confederati. I Gherardeschi ricevettero in feudo i dintorni di Cagliari; i Sismondi, Oleastro; i Sardi, Arborea; i Gaetani, Oriseto; i Genovesi, Algaria; il conte di Mutica, Sassari; ed i Malespina, le montagne. Il resto dell'isola rimase insieme con Cagliari sotto l'immediato dominio della pisana Repubblica (1). » —

(1) *Storia d'Italia compilata da B. S. A. Milano,* 1827. — Vedi però la sullodata *Storia di Sardegna* del bar. Manno, ove questo rapido racconto, tratto nella massima parte dal Sismondi, vien meglio particolarizzato.

Negli *Annali musulmani* è detto che *Muset* emiro di Sardegna, fattosi indipendente dal califfo Fatimite verso il 997, stabilì, verso il 1005, una poderosa colonia di corsari nell'isola di Tavolara, donde trascorse ad incendiare i sobborghi di Pisa; che nel 1017 le armate pisane e genovesi lo cacciarono, in una con tutti i Maomettani, dalla Sardegna; che nel 1025 egli tornò ad assaltarla, ma fu ributtato con perdita di 25 e più navi; che nel 1035 egli fu costretto a dimandar la pace per le vittorie de' Pisani in Affrica; che nel 1049, ottenuti rinforzi dai Mori di Spagna, riconquistò la Sardegna tutta, meno Cagliari ed Oristano; e finalmente che nel 1051 questo infaticabile e fiero emiro, non domato dal peso de' suoi ottant'anni, combattè bravamente ancora contro a' Pisani, ma ferito cadde da cavallo, e fatto prigione fu condotto a Pisa ove morì tra i ferri.

Di tal modo gli Annali musulmani s'accordano ne' fatti principali cogli Annali toscani, seguiti dal Sismondi, e vien così chiarita la singolare istoria di questo Musetto, la quale pose in perplessità lo stesso acume del Muratori. Solo rimane incertezza per un grave fatto che si legge negli Annali genovesi; i quali raccontano che nel 1022 il vescovo

Quanto a Malta, i Saraceni d'Affrica, nel regnare degli Aglabiti, s'impadronirono di quest' isola verso l'anno 829. « Essi vi si fortificarono sopra alcuni di quegli scogli, dai quali non s'allontanarono che per corseggiare. » Essi occuparono poi interamente l'isola nell' 871. I Normanni gli scacciarono da Malta e dalle vicine isolette nel 1122, e riunirono al regno di Sicilia quell' arcipelago che i Maomettani aveano congiunto al regno di Tunisi (1). Le medaglie cufiche scavate in Malta, e le parole arabe rimaste nel dialetto maltese, attestano il lungo e tranquillo soggiorno de' Saracini in quell' isola.

Le isole Eolie ed altre isolette del mar Tirreno o furono tutte nelle mani de' Mori ne' due secoli e mezzo che questi dominarono in Sicilia, o ne vennero di continuo disastrate.

---

di Genova a nome de' consoli presentò all' imperatore Arrigo II, calato in Italia, il fremente Musaito in catene. Egli può supporsi che il vero Muset uscisse da quella prima prigionia per riscatto pagato o per cambio di schiavi fatti: ma egli è più probabile che per Musaito gli Annali di Genova intendano parlare di un altro condottiere saracino, fatto prigioniero da loro.

(1) *Annali musulmani.*

CAPITOLO VII.

Gli Arabi a Frassineto (1).

La penisola di Sant' Ospizio, ove giacea verisimilmente l' antica Olivula, ed ove fu poi Frassineto, è una lieta e rilevata pianura, assisa tra Nizza marittima e il monte della Turbìa sul cui giogo sporgente in mare stanno tuttora maestose le rovine del trofeo innalzato ad Augusto dal Popolo e Senato romano in ricordanza dell' aver egli

---

(1) Liutprando dice che Frassineto era *in Italorum Provincialiumque confinio.* — Queste parole, con quel che segue, indicano chiaramente la cala di Villafranca e la penisola di Sant' Ospizio, come affermano quasi tutti i critici italiani, poichè il tratto di paese tra il Varo e il monte della Turbìa, è piuttosto un confine tra l' Italia e la Provenza, che non una parte di queste contrade. Di fatto benchè Augusto estendesse l' Italia sino al Varo, nondimeno nell' Itinerario di Antonino il sommo giogo tra Lumone e Cimella, cioè il Colle della Turbìa, è segnato come confine tra l' Italia e la Gallia, *Huc usque Italia, et hinc Gallia.*

Il cav. Durante (*Histoire de Nice*), seguendo in parte il Bouche (*Histoire de Provence*), dice che la parola Frassineto (*Fraxinetum, Fraxinidum*) viene dall' arabo e significa *rocca, fortezza*, che i Mori ebbero il lor Frassi-

7

ridotto ad obbedienza i popoli tutti dell' Alpi. « Questa
penisola è coltivata in gran parte ed abitata da alcune
famiglie di pescatori. Il mare si frange spumoso contro
le scogliere che la sostengono. È detta Sant' Ospizio dal
nome del pio anacoreta che quivi chiuse i suoi giorni.

« Si cammina per un viottolo tra carrubi ed ulivi; si
incontrano alcune case ad uso della pesca de' tonni, poi
le rovine di un forte moderno, e finalmente si giunge alla

---

neto maggiore nel golfo di Sembracia (ora *Grimaud*) sopra un dirupo dinanzi l' antica Eraclea (ora *S. Tropés*),
e posero il lor Frassineto minore sul promontorio del golfo
di S. Ospizio, occupando il porto Olivo (ora Villafranca)
e distruggendo il villaggio di Olivula. Ed aggiunge ch'essi
stabilirono successivamente varj *Frassineti* nella Linguadoca, nel Delfinato, nella valle di Susa e nelle Alpi marittime, particolarmente sul colle della Turbìa, e ne'
monti tra Castiglione e S. Agnese. Così, ei conchiude, si
accordano le contraddizioni che si scorgono tra gli storici
italiani e provenzali intorno alla doppia stazione de' Mori
sulle coste della Provenza e delle Alpi marittime.
Noi pure siamo d' avviso che due, col volger del tempo, fossero le principali rocche de' Saracini, dette Frassineto o Fraineto amendue; l' una nel golfo di Grimaud,
altramente chiamato di Saint-Tropès tra Tolone e Frejus
nella Provenza, l' altra nel promontorio di sant' Ospizio
accanto a Villafranca: ma portiamo ad un tempo ferma
opinione che il loro Frassineto primitivo, cioè il luogo
ove sbarcarono e si stanziarono a bel primo, fosse questo
ultimo accennato tra Nizza e il colle della Turbìa. Tutto
ciò che ne dice in contrario il sig. Reinaud nella recente
sua opera intitolata *Invasions des Sarazins en France, et
de France en Savoie, en Piémont, et dans la Suisse;
Paris*, 1836, non vale a distruggere la nostra convinzione,
fondata sopra lungo e maturo esame. Del rimanente ci
basti notare ch' egli colloca il *Fraxinetum* de' Saracini
all' in circa ov' è il presente villaggio provenzale di *Garde-
Frainet*.

cappella di questo Santo; il quale dalla torre senza uscita ove facea penitenza assai dura, profetò la venuta dei Longobardi nella Liguria, ed illeso ne sostenne il furore.

» Ma più che nell' Istoria ecclesiastica pei fasti di santo Ospizio, è celebre questa penisola col nome di Frassineto nell' Istoria profana, per la lunga dimora che vi fecero i Saracini e pei guasti che di quinci recarono all' Italia, alla Provenza, alla Savoja, alla Svizzera.

» Le armate migrazioni de' Barbari che dal fondo dei deserti a' termini della Cina si gittarono sul mezzogiorno e sull' occidente dell' Europa, ogni cosa atterrando che facesse inciampo a' lor passi, commuovono la nostra mente e la traggono a riflessioni profonde sopra rinnovabili e forse non rimote vicende. Ma che pochi drappelli di Arabi, ricoverati sopra un angusto promontorio, salgano a padroneggiare tutti i varchi delle Alpi, ed a correre sin nella superiore Germania, egli è cotesto un fatto sì lontano da ogni nostra presente idea, che l' uomo sarebbe tentato a richiamarlo in dubbio se non ne rendessero fede quelle testimonianze che la critica istorica accetta per irrepugnabili » (1).

In sul tramonto del nono secolo o ne' primi albori del decimo la feroce gente de' Saracini pose le sue stanze in Frassineto (2).

Odasi come racconta questo fatto e le sue conseguenze nella purgata sua favella il Giambullari, seguendo Liutprando ed altri cronisti:

» Una piccola navicella uscita di Spagna, con 20 uo-

---

(1) *Viaggio nella Liguria marittima.*
(2) Tra l' 889 e il fine di quel secolo, secondo il Reinaud, nel 901, secondo il Rampoldi.

mini solamente che buscavano alcuna preda ne' vicini liti cristiani, trovandosi gittata una volta dal vento alla riva di Frassineto (castello in que' tempi fortissimo tra la Provenza e l'Italia, cinto d'ognintorno di selva asprissima, eccetto la parte che guarda il mare), que' pochi Saracini che vi erano dentro, desiderosi di campare la furia della tempesta, scesero in terra tacitamente per nascondersi nella selva. Ma trovando aperto il castello, e ciascuno in quello a dormire, uccisi tutti gli abitatori senz'alcuna scelta o riserbo, mandarono per nuove genti in Spagna, e, fortificatisi colà dentro, s'insignorirono del paese. I vicini, che dovevano correre a questo incendio, inimicandosi l'uno coll'altro, attesero piuttosto a nuocersi ed a consumarsi tra loro medesimi, che a ricuperare il luogo perduto. Anzi, desiderosi della rovina e della depressione degli stessi Cristiani avversarj loro, cominciò la parte men forte a collegarsi con questi Mori, ed a chiamarli in sua compagnia, a destruzione della più potente. Il che facendo i Saracini molto volentieri, uccidendo gli uomini e guastando il paese, allargarono tosto il dominio: anzi con le stesse arme de' Cristiani vennero tanto gagliardi che soggiogarono gli amici e nemici; e fecero grandi prede e danni gravissimi (1).

„ Conciossiachè, disertata già la Provenza, ed impadronitisi di que' gioghi che dalla Provenza partono l'Italia,

---

(1) Conviene por mente a queste parole dello storico. Perocchè il maggior nerbo de' Saracini sì nel regno di Napoli che nell'Italia occidentale, furono sempre i mali Cristiani, che ad essi si unirono per private ragioni, ed i masnadieri d'ogni generazione che facean lega con loro per rubare e predare.

scorrevano tutto il dintorno, e con le prede e con le rapine si conducevano (936) sino ad Acque (Acqui), città
così detta da certi bagni, secondo che afferma Liutprando;
ed è posta nel territorio di Monferrato presso a quaranta
miglia. Il che sicurissimamente potevano fare per la strage
fatta in Italia dagli Ungheri, e per gli spessi rinfrescamenti che avevano sempre da Spagna, la quale era quasi
tutta de' Mori » (1). —

Queste correrie e rapine de' Saracini si estesero assai
più oltre che qui non accenni il Giambullari, onde ci
conviene interrompere il suo racconto per indicarle colla
scorta d' un altro autore.

- Sin dal 906 i Saracini attraversarono le gole del Delfinato, e valicando il Moncenisio, discesero ad occupare
la ragguardevolissima Badia della Novalesa nella valle di
Susa. « I monaci, scrive il Reinaud, ebbero a mala pena
il tempo di rifuggirsi a Torino, colle reliquie de' Santi
ed altre robe preziose, compresavi una biblioteca assai
ricca per que' tempi, particolarmente in opere classiche.
I Saracini, nell' arrivare, non trovando che due monaci
rimastivi per aver cura del monistero, li caricarono di
battiture. Il convento ed il villaggio posto ne' suoi dintorni furono saccheggiati, e le chiese date alle fiamme.
Invano gli abitatori, che non erano in grado di resistere,
si ripararono ne' monti tra Susa e Brianzone, ov' era il
monistero di Oulx. I Saracini gl' inseguiron colà ed uccisero sì gran numero di Cristiani, che quel luogo portò
il nome di *Campo de' Martiri*.

» Non è già che in certi luoghi i Cristiani non s'unis-

(1) *Giambullari, Storia d' Europa; ed. milan. del* 1830.

sero per dar addosso agli aggressori. Molti Saracini, fatti prigionieri, furono condotti a Torino; ma una notte questi barbari, rotte le loro catene, appiccarono il fuoco al convento di Sant' Andrea in cui erano stati rinchiusi, e gran parte della città fu in punto di rimaner preda dell' incendio.

» Ben presto i commercj tra la Francia e l' Italia furono intercetti. Nel 911 un arcivescovo di Narbona, chiamato a Roma da pressanti motivi, non potè mettersi in via a cagione de' Saracini. I barbari occupavano tutti i varchi dell' Alpi, e chi cadeva nelle mani loro, pericolava di esserne ucciso, od almeno era posto a gravoso riscatto. Non indugiarono altresì a far correrie nel Piemonte e nel Monferrato.

»Essi tribolarono di certo il Piemonte, poichè il cronachista della Novalesa racconta un' aggressione fatta da una banda di Saracini presso a Vercelli. Si voltarono quindi a disastrare la Svizzera. Occupati tutti i passi che guidano dalla Francia in Italia, essi nel 939 trascorsero nel Vallese, e lo misero a sangue ed a fiamme. Il celebre monistero Agaunense, santificato dal martirio di San Maurizio e della Legione Tebana, e singolarmente abbellito dalla munificenza di Carlomagno e d' altri principi, fu quasi diroccato di cima in fondo. La Tarantasia si trovava in preda agli stessi malanni . . . . .

»Padroni del Vallese, i Saracini s' innoltrarono sino al centro del paese de' Grigioni. La Badia di Disentis, fondata da un discepolo di san Colombano, e la cui fama si stendeva per tutta la Svizzera, fu spogliata di tutti i suoi beni. Lo stesso intervenne alla chiesa di Coira. Narrasi eziandio che avvicinatisi al lago di Ginevra, i Saracini mossero verso il monte Jura. La regina Berta, madre

del giovane re di Borgogna Corrado, si ritirò dentro una torre solitaria, nel sito ove Neuchatel ora sorge sul lago a cui dà il nome.

« In quell' età di sventura non v' era quasi traffico alcuno, ed i paesi comunicavan poco tra loro. Erasi nondimeno tra la gente pia di Francia, di Spagna e d' Inghilterra, mantenuto l' uso di andare, almeno una volta in vita, in peregrinaggio a Roma, per visitarvi la tomba degli Apostoli. Sussistevano pure continue relazioni tra i diversi vescovi della cristianità e la Santa Sede. Ma dopo l' occupazione de' passi dell' Alpi fatta da' Saracini, i viaggiatori erano esposti a mille male venture ed a sinistri non meno gravi che frequenti. Invano e' si munivano di armi e si univano a truppe; non corre anno in cui le cronache di que' tempi non facciano ricordo di qualche scena di sangue e di lutto (1). »

Racconta il Serra che i Saraceni oltre ad essersi impadroniti di Frassineto, « nella riviera occidentale, fra Monaco e Nizza, non lunge, oh quanto i tempi cangian le cose! dal gran trofeo d' Augusto, si posero dentro al golfo della Spezia nella Riviera orientale, facendo d' un placido mare un golfo di pirati ». E soggiunge: « Così avviluppata e stretta da due lati opposti, la Liguria non fu conquistata, ma cadde nondimeno in estrema miseria. Armati e piccoli legni scorrevano le sue riviere, tornando a' loro ricoveri quand' erano inseguiti, o sopraccarichi di preda. Poderosi navilj impedivano ogni navigazione lontana, proteggevano ogni sbarco importante: case, chiese, famiglie, viandanti, terrieri, nient' era sicuro, e questa

(1) *Reinaud, ivi, e vedi le autorità ch' egli cita.*

barbara rapina durò quasi cent'anni. Allora gli antichi
monumenti, sottratti a' Longobardi, furono annichilati;
le vie rotte, le leggi dimentiche, e la maggior parte degli
abitanti, non trovando più sicurezza sulle amene rive
del mare, si trasferirono ne' luoghi più aspri e più atti
a difesa. Di questa ritirata de' Liguri alla montagna rimangono infino ad ora i segni (1). »

(1) *Girol. Serra, Stor. dell' antica Liguria e di Genova.*
— I Califfi africani fecero tre spedizioni contra i Genovesi. La prima nel 930, che tornò senza frutto, la seconda
nel 934 che fu seguitata dal sacco di Genova. Espugnate
da' Saracini, dopo fierissima lotta, le porte, « l'esercito
genovese strascinando con seco feriti, donne, fanciulli,
uscì dalla parte de' monti, e fe' alto su quelli. Miserabile
vista! egli mirò i crudeli nimici inondar la città, spianar
le case, profanare i templi e strascinar nelle navi nove
mila concittadini incatenati. Il sacco della prima notte
fu conceduto a' soldati, niuno de' quali ebbe meno di
mille crus, che farebbero oggi il valsente di cinquecento
scudi romani. Tutto ciò che si prese ne' dì seguenti,
venne incassato per eseguirne il voler del Califfo. L'ammiraglio non si lasciò accecare dalla vittoria; ma vedendo
i Genovesi padroni delle montagne, e gli altri Liguri
accorrere da tutte le parti a rinforzarli, fece caricare non
solamente le cose migliori, ma i ferramenti ancor delle
case; e prima che gli avversarj ne avessero sentore o
potessero impedirlo, si levò da Genova con tutta l'armata la notte del dì 12 ottobre. » *Ivi.*
La terza avvenne nel 936. « Già nello spazio di due
anni il più delle case, delle torri, de' templi di Genova
era in istato; già comparivano le perdute ricchezze, e
un' armata composta di più compagnie minacciava i Saracini, che avevano messo piede in Corsica; quando un'altra selva di navi, partita improvvisamente dalla Sicilia o
dall' Africa, diè fondo presso a Genova, e atteso che il
fiore degli abitanti era in sulle galee, entrò senza contrasto, prese le intere famiglie, distrusse quanto potè in

Ritorniamo alla narrazione del Giambullari.

„ Verso l' anno 941 il re Ugo (1), deliberò fare l' impresa di Frassineto contro a que' Mori che lo tenevano, per estirpare finalmente quella sementa perniziosa.

„ Ma conoscendo assai chiaramente ch' e' non poteva per se medesimo colorire il disegno suo, ricorse allo imperadore di Costantinopoli suo parente, e gli chiese ajuto di armata da poter chiudere la via del mare contro a tutti i soccorsi che potessero venire di Spagna, e abbondanza di fuochi artifiziati da ardere l' armata moresca

pochi giorni, e s' allontanò. In questo mezzo i Genovesi ritornavano dalla Corsica, ove avevano occupato qualche castello de' Mori. Ma nell' avvicinarsi al porto, non vedevano il lido gremito di gente, non udivano i soliti gridi d' allegrezza; e le torri apparivano abbattute, e le case in rovina. Approdano, discendono ansiosi, e dai pochi che rimanevano ancora, intendono come i Saracini avevano la città espugnata, messala a sacco, e molti uomini uccisi; ma le giovani donne e i fanciulli più dilicati erano strascinati al giogo degl' infedeli. Fu subito deliberato di sarpare un' altra volta, riavere la miglior parte di sè medesimi, o morire. Già l' isolotto dell' Asinara sulle coste della Sardegna è alla vista, vele saracine sembrano quelle; il vento, la velocità de' remi, la smania d' esser subito alle mani han già divorato il cammino. La battaglia comincia, e dubbia non è; chè i nimici impediti dalla preda non fanno l' usitata difesa; quasi tutti son presi. Così variando fortuna le cose, i barbari in catene, e le donne e i fanciulli cristiani in libertà, fra gli abbracciamenti de' loro congiunti, entrarono nella terra poco avanti lasciata. Le croniche antiche, se il citato codice (*Ajroldi*) è veramente autentico, confondono i due fatti in un solo; e tutte parlano d' una fontana d' acqua, che vaticinando le narrate disgrazie, sgorgò sangue, ov' è al presente la piazza del molo.„ *Ivi.*

(1) Ugo conte di Provenza, eletto re d' Italia l' anno 926.

dentro al porto di Frassineto, e da abbruciare la selva più che foltissima che da terra lo circondava.

Ciò conseguito, « il re Ugo si rivolse alla impresa di Frassineto (942). Alla volta del quale avendo inviato per mare una grossa armata, parte sua, parte venutagli da Costantinopoli con gran copia di fuoco greco, se ne andò per terra personalmente con grande esercito a sbarrar la mala sementa che già tanti anni aveva guasto Italia e Provenza. Le navi, arrivate al porto di Frassineto, abbruciarono tutta l'armata dei Saracini, e dalla banda di terra, tutta la foltissima selva, da noi descritta. Di manierachè, giudicandosi quegli, come erano veramente, quasi che morti, si arrenderono al re Ugo, e senza contrasto alcuno lo riceverono nella terra, e si diedero per servi suoi a tutto quel che più gli piaceva. Per la qual cosa il Re, cavatili primieramente fuor di quel sito, acciocchè più non potessino nuocere come avevano fatto per lo addietro, li mandò ad abitare in un monte chiamato Mauro, non espresso, per quanto io sappia, per altro nome dagli scrittori, o accennato almeno dove e' sia, ancorachè e' non paja forse da credere che ei fosse molto indi lontano (1). Appresso ricordatosi che Berengario, suo inimico (2), era nella Svevia, e dubitando che e' non

_____

(1) Qui si dee leggere col Muratori che segue Liutprando. « Non si fidarono i Barbari di quella lor fortezza (Frassineto), l'abbandonarono e tutti si raccolsero sul monte Moro, dove il Re gli assediò. Avrebbe potuto prenderli ivi e trucidarli; ma per un esecrabil tiro di politica se ne astenne ecc. «

Il monte Moro, secondo gli scrittori provenzali, si leva sopra il golfo di Sembracia, ora Grimaud. Altri lo mettono sopra Nizza.

(2) Berengario II, coronato poi re d'Italia nel 950.

scendesse un tratto in Italia per quelle alpi, tanto gagliardo e con tanta furia che e' non avesse tempo ad op-
porsi, deliberò, per assicurarsi meglio il regno d' Italia,
di mettere queste genti ad abitare in que' monti aspris-
simi che la dividono dalla Svevia: a cagione che tenendo
guardati i passi, non potesse venire esercito alcuno ad
assaltarlo improvvisamente, e così mandò ad effetto. Ed
in questo errò egli gravemente, lasciando armati i nemici
universali di tutti i Cristiani, per opporli ad un suo ni-
mico particolare, e ponendoli in luogo dove sicuramente
e senza pericolo di risapersi potevano assassinare ed uc-
cidere tutti coloro che a benefizio dell' Universo frequen-
tando commercj pubblici, arricchiscono or questa or quella
delle provincie dove e' trapassano. Ma così fa chi ama il
comodo proprio più del dovere» (1).—

» Non è a noi facile, dice il Muratori, indicare il sito
dove a costoro fu assegnata l' abitazione; solamente sappiamo che a moltissimi Cristiani, i quali incautamente
da lì innanzi vollero passar per quelle parti, tolta fu la
vita da que' malandrini: il che accrebbe l' odio e la mor-
morazione degl' Italiani contra di questo re (Ugo), il
quale lasciò la vita a tanti scellerati affinchè potessero
levarla a tanti altri innocenti. »

Il Rampoldi scrive che Ugo mise i Saracini nella Marca
Trivigiana, e soggiunge: « Il re Ugo, trasportando nella
Marca Trivigiana i Musulmani fatti prigioni nelle vicinanze di Frassineto, permise loro di continuare anche
colà i loro ladronecci, siccome inabili a qualunque di-
sciplina. Con ciò questo principe si formò un corpo di
fidi soldati in un paese ove come forestiero e pei tiran-

---

(1) *Giambullari, ivi.*

nici suoi modi di governare non era certamente troppo amato (1). „

Liutprando nomina il Monte Giove, ed è verissimo che a que' tempi il Gran San Bernardo chiamavasi come si chiama tuttora Monte Giove. Ma quello non era il passo che potesse scegliere Berengario per venir in Italia dalla Svevia, e dall'altro canto chi ha pratica delle Alpi, sa che i *Montjoux, Montjouet, Mongiovì*, ossia Monti Giove, vi sono, anche al presente, frequenti. La Marca Trivigiana, la quale in quell'età era estesissima, sembra che fosse assai più acconcia al disegno di Ugo, e più ancora il Tirolo. E, senza entrare nelle particolarità dei luoghi, ognuno scorge di leggieri come le Alpi che dividono l'Italia dalla Germania, e non quelle che la partono dalla Svizzera, doveano esibir i varchi da custodirsi contro di un rivale ch'era in Germania e di là minacciava scendere in armi.

Nondimeno in mezzo a queste dubbiezze noi giudichiamo pel meglio di attenerci alla sentenza del sig. Reinaud il quale afferma che il re Ugo „ mantenne i Saracini in tutte le positure che occupavano, al solo patto che stanziandosi sul Gran San Bernardo e su tutti i principali gioghi dell'Alpi, essi chiuderebbero il passo in Italia al suo emulo Berengario „. E veramente della dimora de' Saracini nella valle d'Aosta vi rimangono tuttora chiari vestigj, non meno che nella Moriana e nelle Alpi marittime (2).

---

(1) *Annali Musulmani.*
(2) „I Saracini che nel decimo secolo fermarono la stanza ne' confini dell'Italia e della Provenza, andavano su per le valli, salendo a ritroso de' fiumi: nullo ostacolo ratteneva i lor passi. Quindi avviene che per tutte le Alpi sen

Tutti i mali recati da' Saracini prima dell' impresa di re Ugo contra Frassineto, si rinnovarono assai più fieramente dappoi ch' egli lor ebbe dato nuove stanze nelle Alpi. Occupatene le principali vie, essi mettevano a taglia chiunque si dava a passarle. I pellegrini che dalla

***

trova memoria. Nelle miniere della Moriana, non meno che in quelle abbandonate di Cormaggiore e nelle altre coltivate di Tenda vi additano gli scavi dei Saracini. E che i Saracini, annidati in Frassineto, corressero e rubassero tutte le valli alpine, è ineluttabilmente provato dall' istoria, la quale li mostra depredanti le lontane badie della Savoja e del Vallese, e veglianti a' principali passi delle Alpi per mettere a tributo i pellegrini che andavano a Roma. Ma ch' essi avessero agio o volontà di attendere alla lunga e penosa opera dello scavar le miniere, sembra cosa improbabile al tutto. Bensì considerando come nella valle di Aosta le stupende fabbriche de' Romani che ivi sono, vengono dall' infima plebe chiamate opere de' Saracini, siam condotti a credere che, cancellata nelle menti de' rozzi alpigiani la memoria degli antichi dominatori del mondo, non conservassero che quella de' barbari Musulmani i quali avean portato il ferro ed il fuoco nelle pacifiche loro vallée, e che quindi ogni antica od antichissima opera prendesse nelle bocche loro il nome di opera dei Saracini.

»Tuttavia non sono da trasandare due altre conghietture.

1.º I Saracini di Frassineto erano i Mori di Spagna, ed è noto che questi coltivarono le miniere. Non è quindi impossibile che nel lungo spazio degli anni in cui dominarono, or più or meno, per le Alpi, essi prendessero a scavarne le miniere, ossia a regolarne gli scavi, facendo sottostare alle più dure fatiche gli abitanti ridotti in servaggio.

2.º I Saracini, fatti prigionieri nell'espugnazione di Frassineto, furono come schiavi condannati a penosi lavori. Forse tra questi lavori eravi lo scavamento delle miniere, e quindi in esse rimase il lor nome.

Francia e dall'Inghilterra si portavano a venerare la tomba degli Apostoli in Roma, erano costretti a pagar tributo ai settatori del falso profeta. San Majolo, abate di Clugnì, fu preso, dice il Fleury, al passo delle Alpi da' Saracini di Frassineto che lo tassarono in mille libbre di peso di argento, perchè ciascuno di essi ne avesse una libbra. Egli rimandò indietro uno de' suoi monaci con questa lettera: « A' miei signori e fratelli di Clugnì il fratello Majolo, sciaurato schiavo. I torrenti di Belial mi hanno circondato, e le reti della morte mi hanno prevenuto. Presentemente dunque mandate, se vi piace, il riscatto per me, e per quelli che sono meco ». Essendo venuto il riscatto, S. Majolo si liberò con tutti quelli ch'erano in sua compagnia (1).

La Provenza, il Delfinato, il Piemonte, la Savoja e la Svizzera furono di bel nuovo, e più largamente che prima, il teatro delle loro depredazioni. Ai Saracini di que' tempi attribuisce il Durandi le subite e luttuose rovine delle antiche città di Pedona, Caburro, Germanicia e dell'Augusta de' Vagienni, in Piemonte (2). Essi occuparono Gre-

---

"Di queste tre conghietture il lettore scelga qual più gli talenta: noi ci atteniamo alla prima, anche per altre ragioni che tralasciamo per non allungare. Ad ogni modo egli è singolare il rinvenire il nome de' Saracini assai più conservato ne' popoli delle Alpi che non quello de' Romani.
Viaggio nella Liguria marit.
(1) *Fleury, Storia ecclesiastica.*
(2) *J. Durandi, delle antiche città.* ecc. — « Altre bande di Saracini pe' colli di Tenda e d'Ardea vennero a Bredulo, a Morozzo, a Pedona, arsero il celebre monastero di S. Dalmazzo, e scannarono quaranta monaci. Questo fatto di cui un frammento della cronaca di Pedona pubblicata nel tomo VIII degli atti de' Santi del Gallizia ci ha

noble colla ricca valle di Gresivaudan. Si avanzarono nella Svizzera sino alle porte della città di San Gallo, presso il lago di Costanza, dove trafiggevano di saette i monaci che uscivano pei religiosi loro esercizj. Fattasi familiare l'arte di guerreggiar in montagna, e' superavano, dice uno scrittore di que' tempi, i caprioli nella snellezza del piede. È certo eziandio che s'aveano edificate nel paese molte torri, delle quali si vuole riconoscere tuttora i vestigj. Tanta fu l'estensione de' danni recati da quegl'Infedeli ai Cristiani, che si sarebbe potuto, soggiunge lo stesso scrittore, compilarne un grosso volume (1).

Le contese tra Ottone il grande e Berengario II re d'Italia (960-964) fecero più gagliardi i Saracini. Poscia rimasto Ottone arbitro supremo dell'Italia col titolo d'imperatore e di re, egli inchinò l'animo ai lamenti de' popoli taglieggiati ed oppressi, e divisò di liberarli da que' masnadieri. Ma la guerra greca ed altri disturbi suoi ne lo impedirono. La gloria di averli schiantati da que' lor nidi littorei è dovuta a Guglielmo conte di Provenza, fratello di Corrado re di Borgogna, verso l'anno 975.

Guglielmo mise in arme i suoi vassalli. Le navi di Pisa, aderenti all'imperio, strinsero per mare i Saracini nel golfo ov'era il Frassineto maggiore. Il conte di Provenza gli assaltò per terra. Si ripararono essi un'altra volta sul monte Moro. Ma Gibalino Grimaldo li cacciò da quelle forti lor positure. Il ferro de' Cristiani si bagnò largamente e lungamente nel sangue infedele. Quelli fra i

conservata memoria, rimase ignoto al sig. Reinaud, cui non era facile aver notizia di quel frammento. »

Annotatore, 1836.

(1) *Reinaud, c. s.*

barbari che scamparono dalla strage, portarono le catene della schiavitù. Molti di loro si battezzarono e si confusero nella popolazione. Il nome di Grimaldo (*Grimaud*) dato al golfo di Sembracia, e la possessione in feudo di tutte quelle spiaggie furono la ricompensa del giovane eroe. Il quale poscia, ajutato dagli uomini di Nizza e di Sospello, e da' baroni de' dintorni, cacciò pure i Saracini da tutte le rocche loro nelle Alpi marittime, e disfece il piccolo Frassineto, non lasciandone in piede che una torre al lido sulla punta di Sant' Ospizio, per difendere quel promontorio da nuovi pirati (1).

Sin dal 960 i Saracini aveano perduto le loro stanze sul Gran San Bernardo, e prima del 973 la Savoja e il Delfinato e fors' anche il Piemonte s' erano liberati dalle loro correrie mercè degli uniti sforzi de' vescovi, de' gentiluomini e de' contadini armati. Espugnate finalmente le lor rocche al mare onde ricevevano i rinfrescamenti dalla Spagna non meno che dall' Affrica, ed espulsi da tutte le Alpi marittime, essi cessarono dal tribolare l' occidentale Italia. Non rinunziarono tuttavia alle piraterie ed agl' infestamenti di mare. Ma già le forze navali di Pisa e di Genova cominciavano a farsi ridottevoli. Sul principio dell' undecimo secolo queste due repubbliche marittime dell' Italia liberavano da' Saracini la Sardegna e la Corsica. E verso il fine di quel secolo esse già portavano le vittoriose lor armi su quelle stesse spiagge della Mauritania, donde i Musulmani aveano salpato le tante volte a danno delle terre italiane. «Perocchè nel 1088, unite le navi e le armi, andarono Genovesi e Pisani sopra

_____

(1) *Bouche, Hist. de Provence.—Durante, Hist. de Nice.— Reinaud, c. s. — Viaggio nella Lig. maritt.*

l' Affrica, ove presero due munitissime città di Saracini,
o, come scrive il Malaterra, la real città del re di Tunisi
con la torre maggiore che lo stesso re difendeva. Ed il
re per liberarsi pagò gran somma di danaro, rilasciò gli
schiavi cristiani, e promise di non corseggiar più per le
marine d' Italia. Insieme coi Genovesi e coi Pisani si condussero molti guerrieri di varie parti d' Italia a quest' impresa d' Affrica, alla quale avea dato eccitamento papa
Vittore III per recar travaglio in casa loro ai Saracini che
infestavano la bassa Italia » (1). — Ed essa può riguardarsi
come il preludio delle Crociate, dal successore di Vittore III bandite pochi anni dipoi.

I Normanni, dal lato loro, aveano in quel secolo svelto
i Saracini dalla Sicilia e dal presente regno di Napoli,
e recato essi pure la guerra nell' Affrica. La potenza navale di Pisa e di Genova, e la potenza terrestre e marittima de' Normanni delle due Sicilie, più non lasciavano
ormai paventar molto all' Italia le discese de' seguaci di
Maometto. Le Crociate finalmente, che furono la reazione
della Cristianità sì lungamente tribolata, contro l' Islamismo non mai stanco d' invadere, costrinsero i Musulmani a sostenere il peso della guerra nelle asiatiche ed
africane loro dimore. E se queste sacre guerre costarono
gran sangue all' Occidente, esse almeno lo liberarono dal
terror dell' Oriente, oltre a tanti altri vantaggi politici e
morali che ne derivarono pel cambio delle idee tra l' Asia
e l' Europa, per l' abbassamento del sistema feudale, pel
risorgimento delle arti, e per la nuova vita che riprese
il commercio, chiamato assai propriamente dal Bettinelli

(1) *Muratori, Annali.*

« l'ajo delle nazioni ». Così avesse potuto Niccolò V riuscire ne' suoi santi sforzi di adunare una nuova Crociata per salvare l'imperiale Costantinopoli (1453) dall'assedio de' Turchi! Che l'Italia, ormai priva di armi proprie, non avrebbe avuto a lamentare pei tre secoli, a noi più vicini, una nuova iliade di fierissimi danni e di più intollerabili offese.

CAPITOLO VIII.

Riepilogo e conclusione.

Maometto, nel fondare la sua setta, intese di fondare una vera monarchia che avesse a diventare universale. Egli riunì le sparse tribù degli Arabi, li commosse d'elettrico fuoco, e li sospinse alla conquista del mondo. I suoi successori, con la scimitarra in una mano ed il Corano nell'altra, allargarono il loro dominio dalle rive del Sihon sino all'ultimo promontorio del Portogallo. Le gare pel califfato, le contese tra gli Ommiadi e gli Abassidi e la susseguente divisione dell'impero, tolsero al colosso arabo il nerbo dell'unità, e posero fine alla terribile rivoluzione dell'Islamismo, portata fuor dell'Arabia dopo la morte di Maometto. « Ecco l'istoria de' Saracini per tre secoli dopo Maometto: il primo, di conquiste gloriose; il secondo, di grandezza stazionaria, ma più presto mal sicura; il terzo, di una rapida declinazione » (1).

Non pertanto ne' tempi appunto del loro scadimento i Saracini riuscirono più infesti all'Italia. L'Italia, dice il

(1) *Hallam, Stor. del Medio Evo.*

Pignotti, nella quale si succedevano rapidamente i conquistatori, era trattata da tutti come paese di conquista, e perciò ciascuno di quelli abusava del diritto di opprimerla » (1).

Appena stanziati nell' Africa, i Saracini si diedero a tribolare l' Italia. E le cronologie che mettono all'anno 632 la morte di Maometto, e al 652 la rovina di Cartagine, operata dagli Arabi, segnano pure al 669 la prima loro discesa in Sicilia.

Trascorse poi un secolo e mezzo, nel quale periodo di tempo essi travagliarono la Sardegna e la Corsica, e forse v' ebbero o lungamente o tratto tratto stabile dominio, benchè tutto ciò sia avviluppato da tenebre. Ma finalmente nell' 814 si calarono in Corsica e quindi in Sardegna, poi nell' 827 in Sicilia, e queste isole, non meno che l' arcipelago di Malta e le Eolie, si recarono in loro potere. Sbarcarono, pochi anni dopo, nella Calabria, nella Puglia, nella Terra di Lavoro, ove stanziatisi in varie città e rocche, e forti positure, tanto sul mar Tirreno che sull' Adriatico, disastravano quelle ubertose contrade, e correvano sino alle porte di Roma. In ultimo, e' s' annidarono, verso il 900, a Frassineto nell' estrema parte orientale dell' Italia, per disertare di quinci ad un tempo Italia e Provenza.

In sul nascere del decimo secolo possedevano adunque gli Arabi le tre grandi isole italiche, e le minori con esse, e tenevano ben muniti ricoveri al sudeste ed al nordoveste della terra ferma d' Italia.

Le tre grandi nazioni che dalla metà del nono secolo

(1) *Pignotti, Stor. del Princip.*

sino al principio dell' undecimo più figurarono sul teatro del mondo, vale a dire i Greci, i Saracini ed i Franchi, venute a conflitto tra loro, sui campi dell' Italia si combattevano. Nelle provincie meridionali, che formano l'odierno regno di Napoli, l'ambizione e la sete di vendetta accecò le fazioni sì fattamente che a chiamare s'indussero i Saracini, onde videro per loro colpa il proprio retaggio divenir preda degli stranieri. Due secoli di calamità oppressero l'Italia, lacerata da una sequela di crudeli disastri (1).

Bisogna tuttavia distinguere tra la condotta tenuta dai Mori in Sicilia, ed i loro diportamenti nelle altre parti d'Italia.

Della Sicilia, dopo l'intera conquista dell'isola, essi fecero una colonia moresca, dipendente da' Califfi Fatimiti che aveano sede in Egitto. Essa divenne, in altre parole, un nuovo reame musulmano che avea pe' suoi abitatori saracini tutte le dolcezze di una patria, adottiva per gli uni, effettiva per gli altri. Onde la Sicilia fiorì sotto i Fatimiti, quasi del pari che la Spagna sotto gli Ommiadi. Le scienze, le lettere e le arti, splendide a quel tempo presso gli Arabi, vi posero sede, e di quinci passarono sul continente italiano, anzi migrarono sino in Francia ed in Inghilterra nel susseguente regnar de' Normanni che favoreggiarono i dotti Arabo-Siculi. Lo stesso pare che avvenisse anche in parte per Malta, benchè non ne abbiamo documenti sicuri.

Pel converso, sulle coste della terra ferma d'Italia, e parimente in Sardegna ed in Corsica, i Mori non si mo-

---

(1) *Gibbon, Decline and Fall.*

strarono se non come pirati e ladroni, ardenti di ferocia, non satolli mai di bottino. Le sedi che vi tenevano, erano a mera difesa; erano rocche da cui uscivano solo a fine di depredare. Laonde mentre la Sicilia serba ancora molti avanzi di grandiosi edifizj moreschi, mentre essa scrive ne' suoi fasti i nomi di parecchi letterati Arabo-Siculi, tutte le rimembranze de' Saracini nelle altre parti d'Italia non sono che rimembranze di lutto e di sventura.

I Saracini furono scacciati dal Garigliano nel 906, da Frassineto nel 975, dalla Sardegna e dalla Corsica nel 1021, dalla Puglia e dalla Calabria verso il 1060, dalla Sicilia non affatto prima del 1090, da Malta nel 1122.— Ciò che non avevano potuto fare gl'Imperatori greci, franchi, tedeschi, lo fecero gli avventurieri normanni, fondatori del regno delle due Sicilie, i Comuni di Genova e di Pisa, ed un signore di Provenza rafforzato da ajuti italiani. E qui finisce il nostro lavoro.

Spuntarono poi allora i giorni delle Crociate, ne' quali l'Europa portò le sue armi nell'Asia e nell'Affrica, ed i Saracini, già indeboliti per le loro discordie e per le vittorie de' Turchi, ebbero a difendersi nelle sedi loro, in cambio di recar guasti alle terre cristiane. E già nati erano i giorni gloriosi delle repubbliche italiche, poste al mare, Pisa, Genova e Venezia, che presero a padroneggiare il Mediterraneo colle loro forze navali, e fugarono ovunque il navilio saracino sull'onde. La sola Genova nel secolo decimoterzo era più potente e ridottata in mare che non tutti insieme i regni maomettani, compresi quei delle Spagne. Ed inoltre l'antica virtù era tornata a rivivere negl'italici petti.

La potenza marittima de' Musulmani, ormai più non

indicati che col nome di Turchi, rinacque dopo la presa di Costantinopoli, nella seconda metà del secolo decimoquinto. E nella prima metà del decimosesto ebbe principio la pirateria africana.

Il terrore delle armi ottomane si fece pure in quel secolo sentire fieramente sulle coste italiane. Più di ducento mila schiavi fecero i Turchi nel regno delle Due Sicilie. L' eroica resistenza de' Cavalieri di Malta (1565), e la gloriosa vittoria di Lepanto (1571) a cui tutta Italia mandò sue navi e sue genti, umiliarono il lunato stendardo sul mare, ma non valsero a troncare la pirateria africana, spesso eccitata e sempre tollerata dalla Porta Ottomana, che mai non usò per raffrenarla il supremo suo dominio su quelle Reggenze.

L' Italia, ligia alla Spagna, più non aveva altro navile guerresco fuori quel di Venezia, la quale sino al principio del secolo XVIII continuò a meritarsi il nome di eroica, e sola giostrò contra la potenza turchesca, serbando la gloria dell' armi, se non la vittoria.

I rapimenti e disertamenti de' Barbareschi ne' mari e sulle spiagge dell' Italia durarono due secoli e mezzo, nè cessarono se non per la spedizione di Lord Exmouth (1816), anzi più veramente per la caduta d' Algeri (1830) in mano a' Francesi. La vittoria ottenuta a Tripoli dalla armata navale del Re di Sardegna (1826) avea tuttavia già insegnato ai predoni dell' Africa che in Italia era un principe il quale impunemente non lasciava oltraggiare l' azzurra bandiera, ove alla croce bianca di Savoja è innestata la croce rossa di Genova, emblemi amendue di antiche vittorie riportate sui Musulmani.

GIUNTA

CENNI

INTORNO AI NORMANNI.

„Nei secoli VIII e IX i pirati della Scandinavia avevano depredate tutte le coste marittime dell' Oceano, spingendosi fino al Mediterraneo. Carlo il semplice, sul cominciare del secolo X, diede a Rollone, loro capo, un luogo della Neustria da stabilirvisi, dove i Normanni conservarono, con qualche parte dei loro costumi e del loro linguaggio, anche lo spirito avventuriere della loro nazione. L'usanza dei pellegrinaggi, tanto conforme alle erranti costumanze dei nuovi abitanti della Neustria, divenne comune fra loro. In uno di questi religiosi viaggi al Monte Gargano, alcuni pellegrini normanni conobbero un abitante di Bari, nemico mortale dei Greci e dell'imperio di Bisanzio. La speranza di arricchire destò l'ambizione di que' pellegrini, i quali ritornati alla patria eccitarono i proprj compagni a seguitarli. Bentosto una scelta compagnia di Normanni percorse l'Italia in abito di pellegrini; si pose al servigio di tutti i principi, e condusse mai sempre la vittoria allo stendardo sotto cui combatteva. Il duca di Napoli gli stabilì nella città d'Aversa, la quale divenne così una specie di colonia francese. In quel tempo i Saraceni possedevano la Sicilia. I Greci, dopo inutili sforzi, chiamarono in soccorso i Normanni. Guglielmo d'Altavilla, soprannomato *Braccio di ferro*, pigliando seco cinquecento de' suoi prodi compagni, si unì ai Greci e tutti insieme sfidarono sessanta

mila Saraceni. I Normanni avendo in quell' occasione spe-
rimentata l' ingratitudine e la perfidia dei Greci, piglia-
rono le armi e sterminarono le legioni di Costantinopoli.
Ben tosto gli imperatori non possedettero più se non
Bari, Otranto, Brindisi e Taranto. I Normanni adotta-
ron da prima un governo quasi repubblicano: eleggevano
dodici conti, e nel caso di guerra uno che ne fosse capo;
ma nondimeno ricevettero l' investitura dall' imperatore
d' Alemagna. Siccome il patrimonio di san Pietro era stato
manomesso dalle conquiste dei Normanni, perciò il Papa,
unito coll' imperatore d' Alemagna, andò ad assalirli; ma
quelle milizie, guidate da Roberto Guiscardo, ebbero la
vittoria. Pur prevalendo lo spirito religioso fra i Cristiani
di quel secolo, i Normanni, quantunque vincitori, obbli-
garonsi di pagare un tributo al Pontefice, e d' allora in
poi il regno di Napoli fu considerato come feudo della
Santa Sede. In conseguenza di questi trionfi, Roberto
Guiscardo ottenne una certa autorità sopra i suoi compa-
trioti. Il Papa gli conferì il titolo di Duca con sovrano
potere sopra la Puglia, la Calabria e tutto ciò che com-
pone oggidì il regno di Napoli. Intanto Ruggieri Bosso,
ossia Ruggieri I, fondava un altro regno nella Sicilia,
dove sotto il titolo di Gran Conte divenne Legato perpe-
tuo della Santa Sede. Il suo figlio Ruggieri II nel 1130 fu
coronato re delle Due Sicilie, essendosi estinta la linea di
Guiscardo nel 1127. Ruggieri II regnò sino al 1154. Guglielmo il Malvagio, suo figlio, regnò dal 1154 al 1166.
Guglielmo il Buono, figlio del precedente, dal 1166 al
1189. Dopo di lui la nobiltà siciliana fece re Tancredi,
nel quale e nel suo figlio Guglielmo III, finirono i Normanni (1095) cedendo alla fortuna di Enrico VI della Casa
di Svevia, marito di Costanza, figliuola di Ruggieri II. »

CONDIZIONE DE' SARACINI IN SICILIA
SOTTO I RE NORMANNI.

———◦●◦———

(Estratto dai *Discorsi intorno alla Sicilia di Rosario di Gregorio, abbate di S. Maria di Roccadia e professore di diritto pubblico Siciliano nella R. Università di Palermo. Palermo*, 1821.)

» Quando i Normanni conquistarono la Sicilia, era essa di Saraceni popolata, abbondante, e ripiena. E comecchè questi, essendo già dall'ozio delle arti, e dalle ricchezze inviliti, avessero perduto l'antico natural vigore, pure l'antico studio per la credenza loro perduto non aveano. Quindi i Normanni, da una parte seguendo il sistema da essi ne' principj tenuto nel signoreggiare ai popoli vinti, a coloro non imposero, che i militari servigj, e l'obbligo di pagare un qualche tributo, e dall'altra, avuto in considerazione il lor numero, e perchè non si spopolasse l'isola, fu loro accordato il libero e pubblico esercizio della religion musulmana. A questi patti fu presa Palermo, e per simili cagioni, e perchè i tempi e le circostanze il richiedeano, fu lasciata a Becumen saraceno la libera e quasi independente signoria di Catania. Anzi non essendosi ancora ritrovati i violenti sistemi di adoperare la forza in cose di religione, i prodi Normanni concedettero siffatta *tolleranza* ai nostri Saraceni, che il conte Ruggieri,

qual che la cagion si fosse, pativa pure malvolentieri,
ch' essi lasciassero l' antica credenza. Indi avvenne, che
quelli, avvegnachè ridotti in una certa servitù, nientedimeno in assai numero si rimasero nell'isola nostra, e qui
si stabilirono coi loro ordini civili, e servirono sì bene
e sì acconciamente i lor vincitori, che il conte ne usò in
varie occasioni, e massimamente nelle guerre di Amalfi,
di Cosenza e di Capoa. E il re Ruggieri suo figlio contro
i baroni, e le città ribelli, e contro Lotario imperadore,
ed in altre spedizioni si menò con seco i Saraceni di
Sicilia. Erano questi collocati con i capi loro in varie
parti dell'isola, altri in alcune città mescolati coi Cristiani, e moltissimi abitavano in terre e castelli essi soli
senza niun mescolamento di altra generazione di uomini.
E siccome noi vediamo in quei tempi nominati in Sicilia
più gaiti, nome di carica militare appo i Saraceni, e che
suona in arabesco lo stesso che capitano o comandante,
da quelli usato pria che venissero in podestà dei Normanni, e conservato poi sotto Ruggieri e i suoi successori, quindi si può ben congetturare, che sopra ciascuna
popolazione de' nostri Saraceni fosse posto un siffatto mi-
litar magistrato, che a quella rendesse ragione. Egli è il
vero che alcuni di essi riputavansi come servi, e villani
chiamavansi, ed erano alle più dure riscossioni soggetti.
Ma la più parte, eccetto che fossero per avventura ob-
bligati a pagare un qualche particolar tributo, si vive-
vano allo stesso modo, che gli altri sudditi cristiani. Quindi
potean possedere i lor beni in dritto di proprietà, ed
erano abilitati a tutte le funzioni civili, e vi avea presso
loro un certo ordine non pure di ricchi, ma anco di nobili. Anzi nella capitale, sotto i re Normanni, furono i
Saraceni, siccome quelli che alle cose destri e diligen-

tissimi erano, posti a riscuoter le rendite delle dogane,
ed altri, che procaccianti erano in atto di mercatanzia,
si occupavano in alcuni traffichi e a vender merci nelle
loro botteghe.

"Essendo adunque tale e siffatto lo stato dei Maomettani
in Sicilia, egli si può ora certamente argomentare, che
essi non componevano nè la più piccola, nè la più inu-
tile parte dei sudditi dei loro sovrani. Ed avvegnacchè
regnando il re Ruggieri, fossero contenuti nei termini
loro, pure i suoi successori gli ebbero assai cari, e in più
servigj li adoperarono, anzi furono ad essi affidate alcune cariche della Corte. E veramente la reggia dei due
Guglielmi si vide piena di eunuchi, e di gaiti, intanto-
chè la loro potenza non vi fu di picciol potere. Avevano
essi di ordinario la cura della casa del re, e ne erano
maestri camerarj. Per la qual carica amministrando il
patrimonio regale, veniva anche a loro affidato il governo delle dogane. E quantunque la qualità di alcuni im-
pieghi richiedesse, che essi dovessero professare la religione del principe, pure mentivano abito e nome di
Cristiani, ed eran di razza e di fatti Saraceni. Guglielmo I, in cui la prodezza nella guerra pareggiò la ignavia
del governo, e che dalle cure pubbliche fu del tutto alie-
no, affidò se stesso e le cose del regno non ai suoi ministri solamente, ma ancora agli eunuchi. E comecchè Majone di Bari avesse ordinato, che i Maomettani di Palermo
consegnassero le armi loro alla Corte, pure i sudditi
eunuchi si prestarono ai disegni dell'ambizioso ammiraglio. Egli è vero, che nelle rivoluzioni indi seguite essi
vi capitaron male. Ma il re Guglielmo, avendo spenti in
più maniere i congiurati, si rivolse spezialmente contro
Ruggieri Sclavo, figliuolo del conte Simone, il quale aveva

occupate e a sacco messe non poche città e castelli dei Maomettani dell'isola. E dovendo colui passare in Puglia e in Calabria a gastigare i ribelli, affidò il governo della capitale al gaito Martino, il quale ancora al regal palagio presiedeva. Quindi a costui venne assai bene il destro di vendicar gli strazj e le onte dai suoi Saraceni nei passati tempi ricevute. Ma già, ricomposte le cose di Puglia, essendosi in Palermo agli ozj suoi il re ritornato, commise la cura del regno tutto all' Eletto di Siracusa, a Matteo Notajo ed al gaito Pietro, il quale era succeduto nella carica di maestro camerario al gaito Thoàr. E pria di morire, comandò nel suo testamento alla reina, che nella minorità del figliuolo, secondo il consiglio di essi si governasse. Poste le quali considerazioni, assai manifesto ora apparisce, che sotto Guglielmo I le cose dei Maomettani in Sicilia di molto si accrebbero, e vennero essi in qualche grandezza ed istato, e ben si comprende perchè alla di lui morte le nobili donne dei Saraceni in vesta da duolo, e coi capelli scarmigliati, e precedute dalle loro fantesche, girando a torme per questa città, e di pianti, e di strida riempiendola, dimostrassero tanto dolore.

»Che se ora ci rivolgiamo alla storia dei primi anni del regno di Guglielmo II sotto il reggimento di Margherita sua madre, noi osserveremo che non vi fecero minor comparsa i gaiti della corte, e i Saraceni dell'isola. Egli è vero che il palagio reale si vide allora agitato da interne discordie, e dall'ambizione dei cortigiani. Eravi un tal Gentile, vescovo di Agrigento, coperto di finte virtù vivente Guglielmo, indi lui morto datosi ai piaceri, e agli agi, uom linguacciuto e per appiccar mischie, e di sè, e della riforma del reame grandi cose favellava. Ei trasse

al suo partito l'arcivescovo di Reggio, cui l'avarizia gua-
stava in più guise. Con essi si accostarono l'arcivescovo
di Salerno e il cardinal Giovanni, e fra gli altri principalmente Matteo Notajo, nelle arti di Majone per lunga
dimestichezza ammaestrato. E tutti di accordo, comecchè
ciascun di loro tirasse a' suoi fini, si unirono contro l'Eletto di Siracusa, che apertamente agognava all'arcivesco-
vado di Palermo, della quale altissima dignità era assai
vago il vescovo Gentile, e di pervenirvi fra tante discordie disegnava anch'egli occultamente il cardinale. Aveva
la reina, contro quel che suo marito disposto avea, ridotta la somma del governo nel solo gaito Pietro, già
maestro camerario e vice ammiraglio, uomo di misero
animo, ma lieto e liberale, e lui corteggiavano i congiurati. Ma le cose in tale sconvolgimento alfine riuscirono, che fu il gaito costretto a fuggirsi in Africa, e venne poscia eletto a gran cancelliere Stefano, figliuolo del
conte Percese. E siccome nel passato governo gli eunuchi
di corte erano usi a esser riguardati, ed or si vedevano
dal nuovo ministro negletti, quindi a sommossa del gaito
Riccardo maestro del palagio ebber coloro assai parte
nelle rivoluzioni, che indi seguirono. Anzi tutti i Saraceni dell'isola, che da principio erano stati amici del
cancelliere suddetto e suoi partigiani, pure in processo
di tempo contro di lui si dichiararono. Il che avvenne per
opera di Bulcassèm, uomo tra i suoi per credito e per
nobiltà ragguardevole, e trascorse egli in manifesta con-
tenzione col cancelliere, perchè aveva questi i suoi doni
spregiati ed usava la dimestichezza, e i consigli del
gaito Sediet, che era suo nemico. Tutte le quali cose,
sotto il governo di Margherita, essendo la Corte senza
niuno ordine di signoria e di reggimento, tennero il

9

reame disunito e infermo. E quantunque Guglielmo II
in assai buono, e pacifico stato lo abbia indi ridotto, e
niuna memoria apparisca dei fatti dei Saraceni in quel
tempo, pure dopo la sua morte erano essi in tanto numero e di tal potenza, che Ugone Falcando in più luoghi assicura non potersi in modo alcuno resistere dai Siciliani alle forze dei temuti Alemanni, se i Cristiani non
si accozzassero coi Saraceni. Ma quel savio scrittore, ri-
guardando alle circostanze e alla natura del mobile
popolo, seppe allor prevedere, che dovea tra essi ve-
nirsi a manifesta divisione.

„Egli è già dimostrato, che i nostri Maomettani fino ai
tempi finora descritti mercè i favori e la protezione dei re
Normanni aveano ottenuta per le persone e le cose loro,
una certa pubblica ed autentica sicurtà. Ma siccome dopo
la morte del secondo Guglielmo seguirono assai movimenti
in Sicilia, quindi si accesero per la diversità della credenza
tanti umori istemperati e rimescolati insieme. Ed essendo
naturalmente la religione del popolo, ove egli prevalga, in-
tollerante, furono allora i Saraceni dai Cristiani in più maniere straziati e manomessi. Anzi quei, che abitavano nella
Capitale, e tra essi i più potenti e i più nobili, nelle montagne si rifuggirono. Per la qual cosa il re Tancredi,
che fu valente signore e savio di senno naturale, non
volendo tanti uomini nei passati governi vezzeggiati, egli,
che da più parti era assalito, aspreggiare, non lasciò indietro alcuna cosa, perchè i nobili Saraceni in Palermo
si ritornassero, e finalmente gl'indusse a prestargli quella
ubbidienza, che gli altri baroni gli prestavano. Ma già
era sparsa fama, che Arrigo re di Alemagna si apparec-
chiava con poderosa oste ad assalire il reame, e nel tempo istesso Riccardo d'Inghilterra, il quale pria di pas-

sare al conquisto dei Santi Luoghi di Palestina si tratte-
neva in Sicilia , e per alcune differenze insorte , e massimamente per lo dotario della regina Giovanna sua
sorella vedova del morto Guglielmo , aveva ostilmente
occupate alcune terre del re Tancredi. Quindi présero
questo tempo i Saraceni dell' isola , e cento migliaja di
essi , siccome tuttora ribollivan gli umori nei passati
tumulti accesi , e gli animi erano esacerbati , al re ri-
bellatisi , perchè dei Cristiani si vendicassero , nei luoghi montuosi si ridussero , ove si tennero guerniti , e di
loro genti afforzati. Mà furono indi dal suddetto re, che ne
tolse gli ostaggi, costretti ad ubbidire , e contenuti negli
antichi termini loro. E comecchè morto Tancredi e il
suo figliuolo Ruggieri , passasse lo scettro , non senza
qualche movimento in Sicilia , nella regal famiglia di Svevia , pure i nostri Saraceni nulla osarono contro Arrigo VI,
il quale per altro coi suoi sudditi sì aspramente menò sua
signoria. Ma altrimenti avvenne sotto il governo di Federigo II, ecc.

)

DESCRIZIONE
DEL PALAZZO DELLA ZISA.

———

(*Estratto come sopra.*)

. . . » Egli è natural cosa che di grandiosi edifizj arabi vi avesse, nel regnare degli Arabi in Sicilia, abbondanza in Palermo, metropoli allora di arti e di popolo fiorentissima. E di fatto sino a certi tempi ve ne eran tre di grandissima opera e costo, due dei quali essendo ora assai mal condotti, non avanza che il terzo detto *la Zisa*; il quale avvegnachè abbia molto perduto della sua primitiva forma, nientedimeno l'intero edifizio è ben conservato. Adunque noi ora lo rappresenteremo in quel medesimo stato, in cui un coltissimo scrittor forastiero del secolo XV diligentissimamente descrisselo.

» Ha la facciata di lunghezza di piedi novanta, e di sessantatre di altezza, di pietre quadre molto artificiosamente assieme congiunte, sopra di cui vi è un ordine di merli di altezza di piedi tre. Nel mezzo di questa facciata vedesi una molto smisurata porta alta trenta piedi, e larga la metà meno, con gran magisterio fatta. Sostentano l'arco della porta due colonne di finissimo marmo, per ciascun lato di dieci piedi l'una, computandovi le sue misurate basi e capitelli. Dall'uno e l'altro lato di detta artificiosa porta con pari spazio vi è una porta, minore il terzo della prima, anche ella di pietre lavorate composta. Cinge questo edificio intorno un ben lavorato architrave, che è sopra di amendue le porte minori, il quale finisce al principio dell'arco della maggior porta da ogni lato. Sopra di questo architrave perpendicolarmente, e sopra ciascuna di quelle due minori porte, veggonsi due fenestroni per lato, alti per ciascuno venti piedi, e meno per metà larghi, con una proporzionata colonna di marmo striata nel mezzo, di piedi cinque, computate le basi e il capitello. La quale colonna sostenta due archi, sopra dei quali vi è una semplice fenestra di tre piedi in lunghezza. Partisce questi due fenestroni da ciascun dei detti lati una porta di pietra lavorata, che, alquanto dal muro maestro uscendo, finisce ugualmente con l'anzidetto architrave; sopra di cui dall'uno e dall'altro lato della maggior porta vi è uno spigolo di pietra lavorata, che sale insino ad un cornicione sopra delli quattro fenestroni sostentato, che lega intorno tutto quello edificio; sopra di cui nel mezzo perpendicolarmente mirando in giù al colmo dell'arco dell'anzidetta porta vedesi fondata un gran finestrone, e in ciascun dei lati di quello sono tre finestre di tanta altezza, quanto è quello, ma di larghezza meno. E detto finestrone meno della metà è serrato, ove si vede una piccola finestra; le due vicine finestre, cioè dalla destra e dalla sinistra, sono per terzo aperte, ma l'altre due da ogni lato sono serrate oltre della metà. Nella parte aperta vi è una bella colonna di marmo, che sostenta due archetti; nel mezzo sopra di quelli vedesi un occhio di pietra lavorato. Poi nella sommità della facciata scorgonsi li merli, con li quali tutto è intorniato detto palazzo.

"Dai lati è questo edifizio di larghezza per metà dell'artificiosa facciata. Egli è ben vero, che nel mezzo di detti lati esce fuori per quadro piedi dieci. Ritrovansi da ciascun di questi lati tre porte, di altezza e larghezza di quelle due porte dalli lati della gran porta della facciata. Piglia il principio sopra dell'architrave innanzi nominato, che è sopra di queste porte, un gran finestrone sopra la porta di mezzo, che è anche egli meno otturato; e similmente cominciano due altre finestre della misura di quello in altezza, ma non tanto larghe, sopra di quelle due porte. Sopra poi della cornice è un altro gran fenestrone parimenti mezzo serrato con la colonnella nel mezzo, come di quell'altro si è detto. E parimenti si scorgono da ogni lato di esso tre altre finestre, solamente per metà aperta quella di mezzo. È poi li merli in cima della muraglia, come è detto. Fu fatto questo edificio di quadrate pietre con maraviglioso artificio, benchè ora si veda ruinare, e massimamente nelle finestrate.

"Entrato dentro per la maggior porta, ritrovasi un atrio lungo piedi quindici, sopra di cui innanzi detta porta la sommità dell'arco di essa da piedi sei, evvi una volta indorata larga e lunga quanto è la porta; e poi d'ambidue li lati per quindici piedi, piglia la volta la forma della falce, come noi dicemmo. Passato questo spazio molto si umilia, e così scorre per insino al fine da venti piedi a forma di croce. Passato l'atrio nell'opposito della prefata porta, vedesi un'altra porta di non minore larghezza ed altezza di quelle. Similmente sostentano il sotto arco due belle ed alte colonne di candido marmo da un

lato, ma dall'altro due altre vaghe colonne colle sue basi
e capitelli, e l'altezza di dette colonne, computando le
basi e i capitelli, è dieci piedi. Sono queste cose molto
più artificiosamente lavorate, che non sono quelle colonne della prima porta. Questo sottoarco è ornato di finissimo musaico. Più oltra incontrasi in un quadro di ambito
per ciascun di loro di piedi dieci. E in ciascun di questi
tre lati è un picciolo sacello, che esce fuori di detto
quadro due piedi e mezzo. Da ogni lato di questi sacelletti ritrovasi un pilastro di pietra lavorato, ove è una
colonna di candido marmo di piedi cinque, computandovi le basi e il capitello, in piedi rizzata, elevata dal
pavimento tre piedi. Sopra di quelli è posto un vago
fregio, con grande artifizio lavorato, che congiunge tutto
questo edificio. Fra le porte e gli anzidetti pilastri, dal
pavimento per insino a questo fregio, sono le pareti
tutte di eccellenti tavole di marmo crostate, essendo anche fra l'una e l'altra li fregi di marmo rilevati, fra le
quali ve ne è uno di mezzo piede alla musaica: certamente cosa singolare. Sostentano gli anzidetti pilastri
una volta alla moresca costrutta, siccome una pigna,
ma concavata, cosa invero molto artificiosa: nel mezzo
di quelli due sacelletti, che sono dalli lati, è uno
usciuolo, e nella fonte due artificiosi scaloni di marmo
bianco, fregiati molto sottilmente alla musaica; nella
sommità di ciascuno una bella pigna di marmo; nel
mezzo dei quali da uno artificioso sifone di metallo esce
gran copia di acqua. E così questa chiara acqua con
gran vaghezza degli astanti, cadendo sopra di alcune
striate pietre di marmo, dà gran rumore e mormorio
scendendo per quelle pietre striate. Nel fine poi ra-
gunandosi assieme, passa per un artificioso ruscelletto,

come poi dimostreremo. Sopra del sifone, di cui escono dette acque, vedesi una bellissima aquila di finissimo mosaico composta, sopra cui si vedono anche due vaghi pavoni, sotto di un bianco drappo, cioè uno per ciascun lato, e nel mezzo due uomini con gli archi tesi mirando a certi augelletti, che sono sopra li rami di un albero, per saettarli. È tutto il pavimento di quadrate pietre di marmo bianco; nel mezzo di cui passano le acque dell'anzidetta fontana per uno artificioso ruscelletto di candido marmo, ed entrano in un bello e misurato quadro di quattro piedi e mezzo per lato, pure anche egli di finissimo marmo, fregiato con alcuni curiosi lavori alla musaica. Il cui fondo è condotto a sei cantoni, fra li quali per le chiarissime e trasparenti acque veggionsi pesci finti di diverse maniere alla musaica molto sottilmente composti, li quali secondo il movimento delle chiare acque anche eglino pajono muoversi. Uscendo queste acque anche elle di quindi, scorrono per un altro ruscelletto similmente fatto come il primo, ed entrano in un altro quadro fatto parimente a simiglianza dell'altro, e di quindi al terzo. Da questo terzo quadro anche per un ruscelletto passano queste acque, ed alquanto passate, per un sotterraneo cuniculo sono condotte ad una larga e profonda peschiera, edificata avanti a questo palazzo, come appresso descriveremo.

»Uscendo fuori di questo luogo, ritrovansi due uscj non molto grandi, cioè uno alla destra, e l'altro alla sinistra, per li quali si passa per salire sopra del palazzo. E quivi veggionsi alcune scale fatte a lumaca da trent'otto scaloni per ciascuna per insino al primo suolo, ove si ritrovano per ciascun lato questi edificj. Il perchè nar-

rando di un lato, il simile si potrà intendere, che sia
dell'altro. Salito dunque alla destra per detta scala, entrasi primieramente in una sala, dodici piedi larga,
trenta lunga, quindici alta; nel cui capo ritrovasi una
camera di piedi quindici. Corrispondono a questo edificio quelli due primi finestroni, qual si è detto esser
nella facciata sopra di una di quelle porte dai lati della
porta maggiore. E da queste due abitazioni per passare
all'altre due dall'altro lato della maggior porta, vedesi
un adito di piedi quattro largo, che passa fra l'altezza
della volta, che è sopra della fontana, e la facciata del
palazzo. Poi per un'altra scala fatta a simiglianza dell'altra di scaloni trenta si salisce, in capo di cui vi è un
occhio stretto di sopra aperto all'aria, di piedi dieci
per ogni lato, e similmente anche un altro dall'altro
lato si vede. E di quindi si passa nel mezzo di tutto
l'edificio sopra della fontana, ove vi è un chiostro o
sia corte lungo e largo venti piedi, in cui da tre lati
veggonsi tre sacelletti, di larghezza per ciascuno piedi
cinque, e di dieci in lunghezza, sopra dei quali sono le
volte alla moresca fatte, come innanzi si dimostrò. Sono
sostentate le volte d'intorno di questo chiostro da quattro
belle colonne di finissimo marmo, di altezza di piedi
dieci per ciascuna. Spira nel mezzo di detto chiostro
l'aria. Appresso di ciascuno di questi chiostretti, vi è
una sala di piedi trenta in lunghezza, tredici in larghezza, e ventitrè in altezza. Alla quale corrispondono
parte delle finestre, che dicemmo essere sopra del fregio della facciata, e parte di quelle, che sono dai
lati dell'edificio. Sono tutte dette finestre colle colon-
nette lavorate alla moresca. E ciascuna di queste sale ha
una cameretta congiunta, a cui corrisponde una di dette

finestre. Si può passare di una nell'altra stanza. Appresso dei due chiostretti, dai lati veggionsi le scale da salire sopra la sommità del palazzo, la quale è tutta coperta di bitume. Sono anche dette scale a lumaca, di gradi trent'otto per ciascuna. Con tanto magisterio fu fatto questo edificio, che si vede esser tutto di grosse mura fabbricato, che sono nella sommità di grossezza di piedi cinque, concatenato da grossissime travi di quercia, fra le mura poste, siccome in più luoghi, mezzi rovinati si vede. Egli è il lastrico fatto con tanto artifizio, che non si può comprendere ove siano i meati per li quali scendono l'acque, che quivi dall'aria cascano.

„ Scendendo poi dal detto palazzo, vedesi avanti la maggior porta per poco spazio una vaga quadrata peschiera, creata dall'acque, che dalla fontana soprannominata da questo ruscelletto scendono. Così è formata questa peschiera. Gira intorno 200 piedi, che danno 50 per ogni lato, essendo quadrata, intorniata di artificiose reticolate mura, nel cui mezzo vedesi un bello e vago edificio, anche egli di quadrata figura, a cui entrasi per un picciolo ponte di pietra; nel capo del quale vi è una porta, per la quale si passa in una saletta di dodici piedi larga, e sei lunga, con due finestre, cioè una per ciascun lato, dalle quali si possono vedere li vivi pesci per l'acque nuotare. Poi di quindi si passa in una misurata ed artificiosa stanza di larghezza di otto piedi, e larga dodici, e quivi ritrovansi tre belle finestre, cioè una per ogni lato, e nella fronte la terza, che mira il palazzo. Nel mezzo di ciascuna di essa sostenta due piccioli archi una striata colonnella di finissimo marmo. Cuopre questa stanza una superba ed eccellente volta alla mo-

resca lavorata. Il pavimento di lavorate pietre di marmo molto diligentemente composto si vede. Quivi in
questa abitazione si presentavano le signore, e dalle finestre pigliavano suoi piaceri, vedendo vagare li pesci
fra l'acque chiare; nell'altra abitazione rimanevano le
loro donzelle. Nella peschiera si poteva scendere per
alcuni scaloni di marmo. Intorno a essa peschiera eravi
un vago giardino di limoni, cedri, aranci, ed altri simili fruttiferi alberi. Ancor si scorgono in questi con-
torni assai vestigj di edificj, e anche parte di essi in piedi,
per li quali si può giudicare fossero quivi grandi e su-
perbi edificj, sì per servigio della famiglia delli signori,
come per ospizio dei forastieri, che di continuo veniano
ad essi ».

DESCRIZIONE
DE' BAGNI DI CEFALA.

(*Estratto come sopra.*)

. . . . „ Ai tempi dei Saracini si accreditò maggiormente
l' uso dei bagni, imperciocchè le purificazioni e le ablu-
zioni legali sono interessanti nelle pratiche della religion musulmana, e si preparan con esse alla preghiera.
Hanno due maniere di purificazioni, l' una detta *Ghosl*,
la quale è una immersione totale del corpo nell'acqua:
l' altra *Wodu*, e si lavano solamente il viso, le mani,
e i piedi in un certo modo. Usan la prima in alcuni
casi straordinari, e principalmente dopo di aver giaciuto
con le loro mogli, o di essersi avvicinati ad un morto.
La seconda è l'abluzione comune nei casi ordinarj innanzi
la preghiera.

„ Ma ciò non ostante, havvi ancora dei monumenti
onde è chiaro che dagli Arabi siciliani furono adoperati
i bagni per altri usi, ed oltra le pratiche di religione.
E primieramente egli è indubitato, che il conte Ruggieri trattò assai duramente i Saracini: la qual cosa volendo annunziare uno storico arabo, scrive, che il conte
ad essi non permise nè forni, nè mulini, nè bagni: ol-
trecciò si veggon tuttora simiglianti magnifici edifizj, che

all'anzidetta epoca debbono riferirsi. Tali sono i bagni detti di Cefala non molto dalla vicina popolazione discosti. Nell'alto delle muraglie, e intorno a tutto l'edifizio, havvi incisa una iscrizione cufica, i cui caratteri, avvegnacchè siano in gran parte logori e sconci, hanno pure elegantissime forme. E merita a questo luogo di essere particolarmente osservato, che la struttura della stanza principale del bagno è assai simigliante a quella, che dei bagni distaccati dalle palestre descrisse Vitruvio. Nel mezzo di essa havvi come una peschiera, che riceve l'acqua da diversi tubi, e in essa si scende per alcuni scalini, ed è attorniata da un ordine di balaustri, dietro i quali è una specie di corridore, che gli antichi chiamavan *Scuola*, ove si aspettavan coloro che prima eran discesi nel bagno. La coperta della stanza è fabbricata a volta, e il lume viene dall'alto. Nell'accennata iscrizione si legge chiaramente una parola, la quale non altrimenti suona nel nostro linguaggio, che *due bagni*. E veramente negli anzidetti edifizj descritti da Vitruvio vi erano due stanze da bagno, una per gli uomini e l'altra per le donne. Nè qui è da pretermettersi, che eran parimenti suntuosissimi gli edifizj dei bagni dei Mori di Spagna „

INDICE.

CON PERMISSIONE.

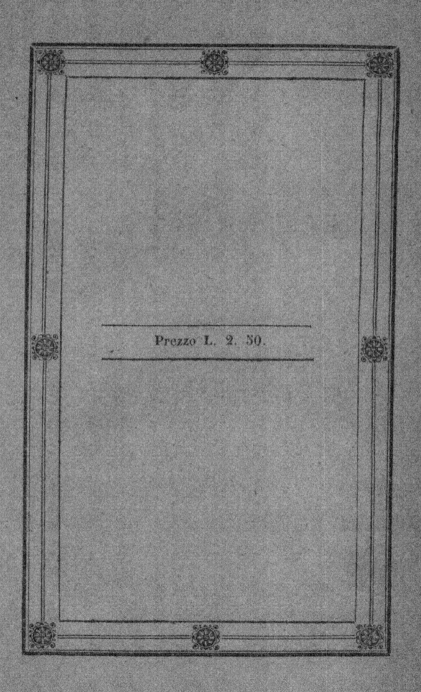

Prezzo L. 2. 50.

CPSIA information can be obtained at www.ICGtesting.com
Printed in the USA
BVOW09s1007070415

395057BV00016B/131/P